中、重度障礙者有效教學法

個別化重要技能模式（ ICSM ）

邱上眞、陳靜江　校閱

李淑貞　譯

TEACHING THAT WORKS:
The Individualized Critical Skills Model

By Kathleen Teague Holowach

校閱者——

邱上真　美國佛羅里達大學特殊教育碩士
　　　　美國伊利諾大學特殊教育博士
　　　　高雄師範大學特殊教育學系教授

陳靜江　美國威斯康辛大學麥迪遜分校哲學博士
　　　　專攻復健心理學
　　　　高雄師範大學復健諮商研究所教授

譯者——

李淑貞　加州州立大學沙加緬度分校特教研究所畢
　　　　現任教高雄啓智學校

譯者序

「個別化重要技能模式」是譯者於加州求學時，在課堂上老師們廣為讚揚的教學模式，再加上譯者於實習時將其教學方法使用於課堂上，發現它確實是一非常有系統且實用的模式，更由於邱上真教授與陳靜江教授的鼓勵，因此興起將它翻譯成中文的念頭。本書得以出版首先要感謝陳靜江老師的細心校正與潤飾，邱上真老師的精神支持及給予一些寶貴的意見，還有心理出版社負責人許麗玉小姐熱心奔走取得翻譯權，在此一併致謝。

生態評量與社區本位課程運用在中、重度智障者的教學在國外已行之有年，但國內卻是近年才開始。而「個別化重要技能模式」即是一種非常強調生態評量與社區教學的模式。它著重的不僅是一般所謂的「功能性技能」的教學，且強調對學生的生活具有重要意義的技能。智能障礙者往往有類化困難，而個別化重要技能模式強調真實情境的教學，讓學生在需運用該技能的情境學習，因此不再有類化困難。透過一系列工作單教師可以有系統地評量其教學成果以增進學生的學習效果。

譯者回國後也嘗試將此模式運用在任教的班級，從訪談家長到排列重要活動的優先教學順序幾乎是毫無困難（除了一、二位堅持不願接受教師訪談的家長之外）。但是在進行重要活動的教學時發現依目前國內的狀況要實施此模式有非常多的困難必須被克服。這些障礙包括：學生人數太多、未實施分組教學、教師授課時數的限制、教育體系行政支援的不足、專業教師的缺乏等。雖然這個模式所強調的生態評量與社區本位課程尚未真正落實在國內智障者的教學上，但是譯者相信「他山之石可以攻錯」，希望本書能影響有心人士來進行改革，這也是譯者願意花課餘時間翻譯此書的原因。

　　書中所列之二十九張工作單雖不完全能使用在目前國內的教學狀況，但是讀者可調整使用之。在書中的一些章節中都有詳細的工作單使用說明，且在最後的附錄部份亦附上譯者曾使用過的「個別化重要技能模式」之工作單供讀者參考。期盼本書能讓您的教學更符合學生需求且更系統化。如果您對本書有任何意見與想法也竭誠地歡迎您與譯者聯絡，讓本書能因加入更多使用者的建議而更趨完善。

李淑貞　於高雄

邱序

　　第一次遇見淑貞，是在一場為國中特殊班教師所舉辦的研討會上，當時淑貞是教育部專案「特殊教育鑑定、安置、輔導小組」的專任助理，剛從美國學成回國服務。研討會上的初識，雖然短暫，但淑貞卻留給了我異常深刻的印象，因為在綜合討論時，我發現淑貞是位對中、重度啟智教育有正確認識、有充分實務經驗以及對身心障礙者有深厚的關懷與服務熱忱的年輕人。我心中不免暗自欣喜，我們啟智教育界又多了一位生力軍。然而，對淑貞的工作能力與態度的真正認識與肯定，應該要算我從台南師院轉至高雄師大服務之後，因為從此對淑貞有了更直接的接觸與觀察。相信讀者們可以從這本譯著中嗅得淑貞這些迷人的特質。

　　淑貞畢業於淡江大學英文系，再深造於美國加州州立大學沙加緬度分校特殊教育系，專攻中、重度智障者教育，相信淑貞有能力從事這本書的翻譯工作，若再加上淑貞實際在加州沙加緬度以及台灣高雄兩地，將這本書中所介紹的方法及技巧用在真實教學情境中，那麼這本譯著就更具說服力了。除此之外，應該要再加上一筆，那就是這本譯著，從頭到尾都經過高師大陳靜江教授加以潤飾修正，使其可讀性、學術性以及實用性再上層樓。

　　這本譯著提供給從事中、重度智障教育工作者一個很有結構性、系統性、層次性與實用性的課程、教法以及評量的操作模式。相信有心及用心的讀者，若願意抱著一顆嘗試的心，將書中的文字化為行動，那麼讀者們將會體會到為什麼淑貞願意花那麼多課餘的時間，將這本書的中譯本呈現在讀者面前了。為了給淑貞一個最誠摯的讚許，特別寫了這篇短文祝賀她，就姑且將它當作「序」吧！

邱上真　於國立高雄師範大學特殊教育系

原作者序

　　自從一九七〇年代早期開始，特殊教育界的專業人士就已經瞭解、教導重度身心障礙者那些能使其更完全地參與一般環境之必備（即重要）技能的重要性了，然而這些環境不曾被特別的建構以符合身心障礙者的需要。目前，越來越多的教育者正採用強調重要技能與自然環境的課程模式。這股改革浪潮一直在擴散中。父母與專業人士正在尋求如何系統化地與有效地實施重要技能模式以及發展課程所需的資料與技術。

　　為達此要求，史蒂文・沙維奇博士(Dr. Steven Savage)以及特殊教育資源網的訓練與資源團(TRG: Training and Resource Group)在一九八一年發展了個別化重要技能模式(ICSM: Individualized　Critical Skills Model)。訓練與資源團（目前為社區與課程的統合提供訓練及諮詢）是由加州教育局特殊教育部門所支持的，他們將個別化重要技能模式設計為綜合性的課程，以提供資料與技術給想要發展重要技能課程的個人。

　　由於個別化重要技能模式的聲望與許多人要求對其內容提供額外的資料，因此特殊教育部門的課程與訓練單位支持發展此手冊，此手冊涵蓋了個別化重要技能模式訓練的資料，以及實施模範教育課程目前的最佳方法與品質指標。

　　本手冊的設計目的在提供準教師、在職教師、行政人員與父母給予重度身心障礙者有品質的服務指南。另外，它也是為提供已接受個別化重要技能模式訓練者與目前正在實施重要技能模式者參考與支持資料而設計。

　　本手冊分為三部分。第一部分討論個別化重要技能模式的發展歷史，同時也談到其發展的理由與目的。第二個部分詳細地討論個

別化重要技能模式之系統化教學過程。我們以一個章節或二個章節的篇幅來討論個別化重要技能模式的十個步驟中之每一步驟。最後一部分的標題爲「組合所有的要素」，意即統整所有呈現在個別化重要技能模式的資料，並以有效且相關的方法來運用之。附錄包含了個別化重要技能模式所使用的空白表格以及術語的辭彙解釋。

正如所有的教學模式一樣，個別化重要技能模式代表了理論與實務的演變，並結合了已廣爲大家接受的教學原理及其獨具的特性。而個別化重要技能模式也正在演變當中。每個使用者會增加其個人特有東西並對其同事、學生、社區成員詳細解釋之。個別化重要技能模式的發展者認爲他們的貢獻是在既存的知識主體上建造與增加新東西，而這些知識是未來成長的資源與跳板。

我們承認企圖在十四章簡短的篇幅中包涵廣泛的資料，但我們並沒有暗示你所需要知道的每一件事都已經涵蓋在這些章節中。在實施個別化重要技能模式時，您可利用在職訓練協助教育機構進行必須的系統改變。訓練教育機構 可以透過社區與課程統合的訓練與資源(TRCCI: Training and Resources for Community and Curriculum Integration)的教育專家來進行。要進行社區與課程統合的訓練與資源服務，請與課程經理艾比‧黛絲雀柏爾絲(Abby Deschapells)聯絡，電話(916)442-3845。

我們希望本手冊以直接及易懂的方式對課程的發展提供計畫與實施重要技能模式的架構。我們希望燃起你的熱心並激發你的創造力，因爲我們真心的希望此手冊能成爲創造你個人教學風格的跳板。在所有這類手冊與書籍中，您可以把這本手冊當作是一本工作底稿，使用者可依其想法去修正它，它會因使用者的想法與修正而改進並更趨於完備。

本手冊的最後一章討論了進行與克服改變的策略。當你透過本手冊詳細研究你的教學方式並考慮實施個別化重要技能模式時，你可能希望定期地參閱它。

　　我們為你對專業成長和改進學生及其家庭生活品質的興趣與奉獻，致上深深的敬意。

謝辭

這本手冊代表了全加州與美國許多人努力的成果，這些人為改善重度身心障礙者的教育與生活品質而貢獻自己的心力。我特別想感謝：

* 持續不斷且擴大支持此計劃的加州教育局特殊教育課的課程與訓練單位，他們改善了重度身心障礙學生的服務品質。特別感謝曾服務於特殊教育課的傑夫・寇漢，感謝他在此領域的優秀洞見與貢獻。

* 那些自一九七〇年早期參與為加州教育部門發展重度身心障礙者訓練教材的人，這些人包括：安・多尼倫（華樂斯）、龍・寇希嘉、珍・崔佛根、潔姬・安德森、潔姬・尼爾森、蘇珊・貝克思戴德、黛安娜・佩秀拉、史蒂夫・莎維奇、凱特・貝瑞、戴爾・塔瑞煦、海思特・聖強、芭芭拉・貝爾曼以及教育專家蓋爾・皮特森、潔瑞・福得、湯姆・尼爾瑞、玲・史密西、比爾・羅森貝戈、芭芭拉・瑞恩、愛麗絲・韋新、蘇珊・懷特與艾比・戴思闕珮爾司。

* 全加州曾參與發展個別化重要技能模式（ＩＣＳＭ）並訓練上百個教師使用本模式的教育專家與示範教室的教師。

* 本手冊評論小組的參與者；蓋爾・皮特森、潔瑞・福得、潔姬・安德森、珍・黛利、南希・貝特曼以及艾咪・羅傑斯。

* 我的朋友與同事麗慈・韋思特、戴爾・塔瑞煦與蓋爾・皮特森在個人與專業上所給我的支持。

* 研究者與捐助者逐漸擴大在此領域的工作。只有透過這樣的分享與發展，我們才足以應付那些將其生活品質託付給我們的人之需求。

* 比爾・提戈在編輯方面的見識、建議與對原稿品質的關照。

✣卡洛琳・布朗在辨讀手稿、打字與重新編排方面的才能；在收到最後一分鐘才增加的篇幅時，她一向能應變且愉快地處理事情（「還有多少增加的章節呢？」），並熟練地使用文字處理機。

✣ 我的先生蓋瑞、女兒玲德莎、凱特妮每天帶給我歡樂。

✣ 最後是那些讓我們知道有哪些需要學習的事物的學生與其家庭。

凱薩琳　・何洛華屈

獻辭

獻給史帝夫・莎維奇：我的良師、同事與朋友。
因他的洞見以及對這本書每一頁所付出的關懷。

目　錄 ᘏᘏᘏᘏᘏᘏᘏᘏᘏᘏᘏᘏᘏᘏᘏᘏᘏᘏᘏᘏ

前言

　　不論您是否已教了許多年書或是正期待著第一次的教學經驗，您都可能有這些感覺在心頭：

　　「我是否已有充份的準備去教我的學生呢？」

　　「我要教什麼呢？」

　　「我的學生有很多不會的技能。我被這麼多需要教導的技能打垮了。」

　　「我如何才能將所有需要做的事放進一天的教學活動中呢？」

　　「我在學生的生活品質方面是否給予有意義的影響？」

　　「我的工作越來越無聊。每天都做相同的工作。」

　　「我教學生『準備動作』有多久了？我們已經做了四年了！」

　　甚至是當我們正在指導學生時，這些感覺時時會湧上心頭：「為什麼我還一直試著教凱瑞繫鞋帶呢？已經兩年了，她還是學不會。」「我正在教羅伯特以五的倍數數到一百，但我看不出這對他的生活品質有何影響？」或是「我該教約翰什麼呢？他幾乎不能把頭擺正而且只會用一隻手。」

　　這些自我懷疑與令人焦慮不安的問題可能永無止盡。尤其是，似乎有一股內在急迫的壓力催促著我們現在就得找到解決方法。詢問教什麼與如何教是天經地義的事，而且表示你關心學生的個人權益與你自己的職業道德。但很不幸地，許多這類的問題都尚未得到解答。

　　嘗試發展有效教學方法的結果之一是：教師輕易地就選擇了讓學生去學習可能重要的技能，而不是將來會對學生有重要影響的技能。但是，教師無法浪費時間教導重度身心障礙者一些也許可以或也許不可以讓他們能更完全地參與最少限制環境的技能。據我個人以及他人分享予我的經驗，許多時候我們浪費了教學時間在教導學生對其目前與未來生活只有極少或毫無影響的「功能性」技能。有

多少教師在學校教導學生烤土司麵包，而學生在家時卻從來沒被要求做此項工作？有一個這樣的例子：老師教導學生在服務站清洗廁所的職業技能已經二年了，令人感到遺憾的是，這位教師並不知道學生的父母經營一家乾洗工廠，而且打算他畢業後要僱用他。許多社區密集課程例行性地教導學生使用各種公共的運輸系統，但是學生在成人生活將不可能利用這項系統。教師們認為這些案例並非是他們有意的疏忽，但對於他們所提供的無用教學卻覺得悲哀。

我們不能責怪這些教師的教學原理。教導重度身心障礙學生有用的成人實用技能是目前的課程的反省趨勢。上述這些案例所欠缺的是明確地找出該教導學生哪些有用的成人實用技能之技術與方法。

個別化重要技能模式（一種強調教導學生與環境有相關的技能，且具個別化與系統化的教學過程）提供一個符合學生及撫養人的需要，而不是符合學校與官僚制度的需要的系統。其價值在於它一開始即將學生視為真正的個體，並協助此一學生更有效地參與學生及重要相關人員認為是最真實與有意義的世界。個別化重要技能模式解放了使用它的學生、家長與教師，它讓學生去發現真實世界是近在呎尺的。

第一部分——

　　第一部分將討論傳統課程模式以及許多使用這些模式的家長與教育人士所遭受的挫折。在現有的課程模式中，個別化重要技能模式(ICSM)是另一項選擇。

第一章
爲什麼要使用個別化重要技能模式（ICSM）

最少危險假設的準則(The Criterion of the
Least Dangerous Assumption)這種準則或標
準主張在缺少令人信服的資料時，教育決策
如果可能不正確的話，則它應基於帶給學生
最少危險結果的假設來決定。這種準則可從
許多層面來評估多樣化學生人口的教育。

杜乃倫（Donnellan, 1984, p.142）

……未來十年的任務是提供教師工具以教育
重度身心障礙者與非身心障礙同儕，在公立
學校校園內與主流社區中共處。目前這十年
的模式無法持續成為正常發展差異的分析，
但一定是促進身心障礙者與非身心障礙者相
互適應的環境分析：當學生在為配合其需求
而改變的環境中學會成功地表現技能時，即
是自然環境照顧了有特殊需要的重度身心障
礙者。

雪樂等（Sailor et al, 1980, xiv）

❖ 我們應該教什麼呢？

我們這群負責教導重度身心障礙者的家長和專業人員，不管我們的背景或動機為何，我們都有一個共同的問題，那就是：「我該教什麼呢？」我們都想提供有品質的教學內容以避免只是讓學生維持現狀或只是看護他們。

因此，我們一直想在現存的眾多課程模式中尋找可用的課程，可想見的這些模式種類相當繁多，而其依據的理念也有相當大的差異。在最近二十年中，我們對重度身心障礙者的學習潛能的想法已有了很多改變，而教學方法也有不少的改革。

改變中的方向

現存的課程模式無法滿足上述的需求，個別化重要技能模式(ICSM)便是依據這個需要發展的，而且已被證明是一種可用來替代發展性(Developmental Model)模式或補救技能模式(Remedial Skills Models)的實用方法。

個別化重要技能模式(ICSM)的發展

個別化重要技能模式是在一九八一年被發展出來的，目前已有眾多的文獻記載其實施效果。在一九八九年的六月，大約有 1,350 人接受過個別化重要技能課程的訓練，估計有 18,200 學生目前正接受個別化重要技能模式發展出來的課程，超過 66 個學區的專業人員與機構已受過個別化重要技能模式訓練。

全州（加州）的專業人士報導了他們對個別化重要技能模式的熱愛。一家大型鄉村學校的特殊教育行政人員作了這樣評語：「個別化重要技能模式迅速地改變了我們教導學生的方式。所有我的教

師與助理教師都參加了個別化重要技能模式的訓練。它帶給學生與工作人員的益處是無法抗拒的。」一位中學老師說「我過去幾年的教學精華已成為訪談重要人員時的額外資源。現在我對我所要教給學生的東西覺得有信心。不再只是猜測什麼對他們是重要的，而是清楚地了解什麼對他們是重要的。個別化重要技能模式已給我一些有價值的教學工具。」

一位在大都會地區提供成人服務的負責人熱切地說「我非常感謝個別化重要技能模式訓練所教給我的技能。我現在正以所學到的知識訓練我的員工。我們已看到學生與我們都有很大的改變。學生的父母也對這些改變提出他們的看法。謝謝你，個別化重要技能模式。」

個別化重要技能模式提倡「一教一」的原則，受過個別化重要技能模式訓練的個人主動地傳授他們學會的知識與技能予他人。個別化重要技能模式的工作團隊（譯註：工作團隊可由一群已接受過個別化重要技能模式的熱心人士來組成，在第十四章中有更詳盡說明。）已證實這種策略非常有效，在許多學區與機構間都有工作團隊擔任專業人員的支持團體。此模式對不同的教學與服務的彈性讓許多專業人士、學生與其家人都能各蒙其利。

歷史的觀點

一九六〇年代是教學技術的年代；應用行為分析在當時是全盛期。教師們認為如果能將工作分為許多的小成分或行為，並儘可能控制許多引發行為發生的情境（前因與後果），他們幾乎能教學生任何東西了。這些引發行為發生情境通常包含：獨立的學習座位與簡潔的要求或指導，在簡短讚美之後，給學生一塊可食的增強物以增強每次正確的反應。這種方法也許是殘酷與機械性的。但是，透過人們全面普遍地將它使用在應用環境中，加上適當的回饋以及修正，產生了有效且人道的教學技巧。

　　一九七○年代人們從強調「如何教」轉變到「教什麼」。教育家們瞭解藉著使用一九六○年代發展出來的技巧，能將過去認為太複雜或太困難的教學內容輕易地教給重度身心障礙的學生。布朗（L. Brown）與其同僚（1976）以「終極功能標準」（Criterion of Ultimate Functioning）當作他們的口號開始了一項教育改革。他們引領教學者嚴格地評量過去教導智能障礙者非一般成人日常生活中必要技能的效用；專業人員開始質疑為何他們要教學生顏色配對、以五的倍數數數、將木釘釘進釘板等。此外，教師開始關心將課堂上學會的技能轉移到家庭與社區環境的可能性。（「西西莉亞在家刷牙時，會刷得像他在教室的洗手台學會的一樣地好嗎？」）

　　自從採用「終極功能標準」來決定教什麼之後，接著的問題變成「在哪裡教」。在一九七○年代後期與一九八○年代早期，開始有人提倡零拒絕（學生不能因其身心障礙而被排拒於教育環境之外）與對重度身心障礙者進行社區本位教學。

個別化重要技能模式的解答

　　本章以「我該教什麼？」這個問題起頭，就像先前大多數試著回答此問題的人一樣，個別化重要技能模式是時間累積的成果，而它的創始者也很幸運地收到了從過去到目前在此領域的工作效益。讀者必須判斷出本書的明顯趨向：個別化重要技能模式為讀者本身提供更好、更廣泛、更彈性的回答。

　　本章接下來的部份，我們將以目前與個別化重要技能模式不同的課程發展當背景，討論個別化重要技能模式的依據與目的，以及其教學過程背後的系統。

❖ 傳統模式的課程

直到一九八〇年代，發展性模式（The Developmental Model）與補救性／功能性技能模式（The Remedial/Functional Skills Model），這兩種課程模式仍主宰著重度身心障礙者的教育領域。

發展性模式（The Developmental Model）

依據發展性模式教學的教育人士相信：人是按發展階段的預期順序成長或發展的。根據這個模式，每個階段是另一個較高階段的先備條件，正常孩子在大約同年齡的範圍內依序學習每一個階段必備的技能。發展性模式支持這樣的理念：所有的孩子，不管其年齡或障礙的情況，都必須依循與非身心障礙兒童相同的發展順序。通常都是以學生的「心理年齡」、個人的發展程度，而不是以實際的生理年齡來考慮。因此，我們經常聽到像「發展遲緩」、「發展障礙」或「低功能」等名詞。

發展性課程通常包含：
1. 語言
2. 視覺／精細動作
3. 社會／情緒
4. 認知
5. 生活自理
6. 粗大動作

課程設計者依據發展模式找出學生目前在哪一個發展階段，並設計引領學生向下一個更高程度或階段發展的課程。

發展性模式有兩點吸引教師的原因。第一，教材指出小孩如何

發展，像檢核表、發展量表都是現成的。第二，因為發展性量表所顯示的發展程度從零或接近零開始。它提供教育家立即可用來評量具有少數技能的學生之課程的工具。

補救性／功能性技能模式(the Remedial/Functional Skills Model)

補救性／功能性技能模式的支持者認為，不管學生的心理或生理年齡，有某些技能是表現「正常」行為必備的。其指導重點集中在教導學生成人階段有用的、功能性的技能（即非身心障礙成人可能在日常生活表現的技能）。有身心障礙者因此被定義為在許多日常生活活動中必備技能不足者，因此，使用此模式的教育人士之工作即是找出學生能力不足之處，並設計指導課程以補救學生的能力。如何找出能力不足之處，這些年來已有一些改變，最近，教育工作者利用檢核表列出常人的技能或是一般人對正常能力的看法，來找出學生缺少的能力。舉例來說：「如果我們相信『穿鞋』是正常的、功能性的技能，我們可能教導學生如何繫鞋帶。」如果我們相信使用餐巾是適宜的技能，我們會教導學生如此做。找出不會的技能當作補救目標的方法，大都是依據我們對正常技能的個人觀點而定的。

經常與補救性技能模式相連結的課程領域包含：

1. 語言／溝通技能
2. 生活自理能力
3. 居家生活
4. 社區生活
5. 職業／職前生活
6. 休閒／娛樂生活
7. 與非身心障礙者的互動

補救性／功能性模式在許多方面吸引了教育人士，這個模式容

易被瞭解，因為每個人都有「正常」的概念，因而人人會產生這種
觀念：補救方法，如果成功的話，能讓學生在特定的環境中有較獨
立的表現。凡是支持這個模式者都覺得，如果使用合適的補救方
法，學生將會習得「像常人」的技能。況且列有功能性技能的檢核
表和指導教育人士教什麼與如何教學的課程手冊目前在坊間都可找
到。

❖ 傳統課程模式的問題

發展性課程與補救性/功能性技能模式固然在許多方面相當吸引
人，但在使用時仍有些主要問題。讓我們再次仔細看看發展性模
式，它假設所有的個體，包含重度身心障礙者，須遵循相同的正常
成長與發展模式，這樣的假設是否有效呢？只因大多數非身心障礙
者以特定的方式獲得技能，並不意謂著每一個體必須以相同的方式
習得技能（有些人並不需要經過爬行的階段即可學會走路！）。發
展性模式也假設，不管學生是否有嚴重的學習困難，也要學習無法
與任何有意義的活動相連結的孤立技能，並且須綜合與統整這些不
相關的技能以便在適宜情境與適當時機使用它們。

然而，發展性課程令許多採用它的教育人士沮喪，因為以這種
模式學會的技能既無法讓學生為成人生活作準備，又無法促使學生
在往後能獲得更多相關的技能。學生也許學會將形狀相同的東西配
在一起，或是將球滾到三呎遠，但是所學得的技能並不能使他們能
更完全地參與家庭活動或社區活動。

因為發展性模式的課程領域是被分開來教導的，學生很少有機
會去綜合與統整發展課程所教導的技能。例如：每天課程表將活動
區分成粗大動作時間、語言時間、視覺運動時間等等。在此情況
下，課程領域將跨技能的活動（例如：在速食店買可樂涉及溝通技

能、粗大與精細動作、社會技能及認知技能）切割成許多活動片段，且可能在分隔時間裡教導學生這些片段的活動。

讓我們也來看看補救性／功能性技能模式。它假設學會一些特定的功能性技能會使學生參與這些環境中的活動，它也假設教師與其他教育人士知道哪些活動是學生必須學會的；就如我們稍後會提到的，在實際的應用上這些假設帶來許多問題。

當我們以檢核表與個人的意識形態來找出學生缺乏的技能時，可能產生的結果是「固定的課程」。大多數的學生都在學習繫鞋帶、手語以及折餐巾，這種課程無法顧及學生獨特的需要。

許多家長與教育人士相信補救性／功能性技能模式非常仰賴教師對其學生學習需求的瞭解。即使學生已具備參與此活動的技能，對和學生生活有重要關係的成人而言，此項活動也許是不重要的。顯而易見地，如果家長或監護人並不主動地參與整個選擇課程目標過程，學生可能學會一些的確是有用的成人技能且是功能性的技能，但對學生目前或未來的生活卻只有少許或根本沒有任何作用。

❖ 個別化重要技能模式已被證明為可行的方法

所有被認為需教導學生的技能都必須由教育人士、家長與監護人共同謹慎地挑選，且學生（如果適當的話）也確定學習這些技能與其現在或未來的生活息息相關。

個別化重要技能模式的主要特性

個別化重要技能模式提供教育人士與家長生活信念的啟發，並建議協助設計、實施與評估教學課程的指導方針，以增進學生在目前與未來的自然環境獨立生活的能力。個別化重要技能模式的主要特性被認為是模範服務模式的品質指標，這些指標是：

1. 針對學生需求而設計個別化且相關的教學課程。每一個學生的課程內容都經由與學生有重要關係的個人訪談，再參考特定環境所需，以及學生目前的表現水準以找出學生的特別需要，並依據其需要來設計。透過評量過程（學生／環境評量）來為每一學生決定個別化重要活動。

2. 參考當地的社區生態。個別化重要技能模式找出並教導每一個學生參與目前與未來當地環境必須的活動，因此當地環境經常成為教學內容與地點。

3. 使學生能參與未來的生活情境。個別化重要技能模式與傳統的課程發展模式不同。它調查並分析每一個學生未來可能參與的潛在環境，並且系統化地找出參與這些環境所需的重要技能。個別化重要技能模式要求家長與教育人士考慮學生未來三年的生活。從智力與實用主義的觀點來看其時間的架構，三年是容易掌控的，而且與個別化教育方案三年重新檢查過程有相關，且促進轉銜計劃的實行。

4. 闡述適齡的重要活動。個別化重要技能模式協助教育人士與父母，依據觀察同齡的非身心障礙者，找出符合學生實際年齡的重要活動。

5. 涵蓋生活各領域。個別化重要技能模式調查每個學生所需的重要活動，以使他們藉著運用四個課程領域的技能，盡可能獨立地在未來各種環境中生活。

   家庭領域　包括學生目前或未來可能居住環境中所有可能進行的活動。

   職業領域　包含在職業環境中的所有活動。這領域也包括較年幼的學生一般的工作行為，例如：倒垃圾、收拾玩具與清理房間。

   娛樂或休閒領域　包含個人在居家或一般社區環境中也許會用來消磨時間的所有活動。

   一般社區領域　包括個人購物、使用公共交通工具、用餐、步行

與接受服務（例如，醫生、牙醫等）等所有適合實齡的活動。

6. 結合教學需求與基本技能的教學。除了強調重要活動之外，個別化重要技能模式的教學課程，將教學需求嵌入學生的動作、社交、認知、溝通與活動表現等基本技能的教學中。即在重要活動的情境中教導基本技能，而不是在孤立分離的情境中教導基本技能。個別化重要技能模式在設計教學課程時也考慮了每個學生的學習特性。

7. 零推論。個別化重要技能模式對有關學生面對不同環境、人、事物的類化表現從未有任何假設。對於教什麼與在何處教不做任何假設。如果被決定的重要技能是在某雜貨店表現適宜的行為，則在這家商店教導學生適宜的行為。如果被決定的重要技能是在家與其他孩子玩遊戲，則在家教導學生與他人玩遊戲。

8. 以環境調查與替代性活動／輔助性策略來確保學生有更大的參與層面。並非所有的學生都能學會所有必須的技能以參與各種環境。個別化重要技能模式並非如大多數的案例一樣，為了等學生學會這些技能而完全不讓學生參與此項活動，它建議了一些替代性方法以參與環境與活動。

9. 在教導重要技能時，強調使用自然刺激、自然結果與自然時間表。個別化重要技能模式強調自然刺激（約翰有二角五分，想買一杯可樂，而可樂販賣機是現有的設備且就在附近）、自然結果（在約翰買了可樂且將它打開之後，他喝了可樂）與自然時間表（約翰在休息時間買可樂），而不是使用非自然的教學提示（「約翰去買一杯可樂」）與非自然的結果（「約翰好棒，你買了可樂回來」）。

10.有計畫地將類化技能運用在各種活動與環境。如果透過學生／環境評量決定學生將在超過兩個以上的環境使用某項重要技能，則以自然刺激、自然結果與自然時間表來分析這些環境，以瞭解是否允許或需要變化任何重要技能。以零推論的準則，教導學生變

化重要技能並將其類化至不同環境。

11. 以學生在各種不同環境的表現來評量教學效益。效度並非以學生在課堂上的表現來衡量，而是評量學生在需運用重要技能的環境中之表現。

12. 家長或監護人全程參與系統化教學過程。個別化重要技能模式具有非常獨一無二的特色，即是家長、監護人與撫養人協助設計、執行與評估其子女的教學課程。家長與監護人在學生的生活中與學生有重要的關係，可協助決定學生的重要活動。

13. 與個別化教育方案過程息息相關。因為個別化重要技能模式是一種有系統地發展、執行與評量教學課程的方法，它結合了完整的個別化教學過程，這些過程包含了找出學生目前的行為表現、發展教學目標、找出可靠的人、決定測驗（評量）系統與時間及在最少限制環境中擴大與其他個體互動的機會。

❖ 個別化重要技能模式是系統化的教學過程

目的

　　個別化重要技能模式系統化教學過程的目的是提供教育人士與家長實用的指導方針以發展、實施與評估學生的教學課程。教學課程著重在參與目前和未來在居家、職業、一般社區與休閒的自然環境中重要且適合實齡的活動所必須具備的技能。課程強調活動與環境的調整修正，以使每個個體不論其障礙情況有多嚴重，皆能更完全地參與多項的活動（例如：一項能讓學生只需輕微移動頭部即能打開電視的開關裝置，即是替代／輔助性策略。）。

組織

　　個別化重要技能模式的系統化教學過程由九個階段所組成，這九階段包含了實行重要技能與社區本位教學模式的所有層面（參照圖 1-1）。後面的幾個章節將會詳細地討論這些階段，以下就簡單地敘述這九個階段：

1. 訪談重要人員。教師訪問重要人員以找出在學生目前或未來的環境中有哪些重要活動是他們要學生學習的。
2. 決定重要教學活動。教師決定能使學生更獨立及參與更多自然環境的重要活動。
3. (1)評量學生在重要活動中目前的表現水準：教師在相關的重要活動中評量學生目前的能力水準。
   (2)確定學生基本技能的教學需求：在適當的情況下，教師找出學生在基本技能上的需求。基本技能，意指會影響在各種環境中或跨各種環境的活動表現之「一般行為」，它包含了動作、溝通、認知、社交、活動表現等能力。
4. 發展參與重要活動的替代／輔助性策略。通常教師必須發展能讓學生更完整地參與重要活動之活動或環境的替代／輔助性策略。
5. 發展年度以及教學統合目標。教師依據學生在被決定的重要活動的表現，發展年度與教學目標，並且將教學需求嵌入基本技能的教學。
6. 發展教學課程與評量系統。教師發展教學課程以及評量系統以使學生熟練並類化教學目標與年度目標。
7. 排定所有學生的課程表並實施課程。教師安排課程表以便在課堂上成功地實施所有學生的教學課程，然後施行課程。
8. 回顧、評量與修正教學課程與替代／輔助性策略。教師必須依據學生能力水準的資料與重要關係人的喜好，系統化地評估與修正教學課程與替代／輔助性策略。

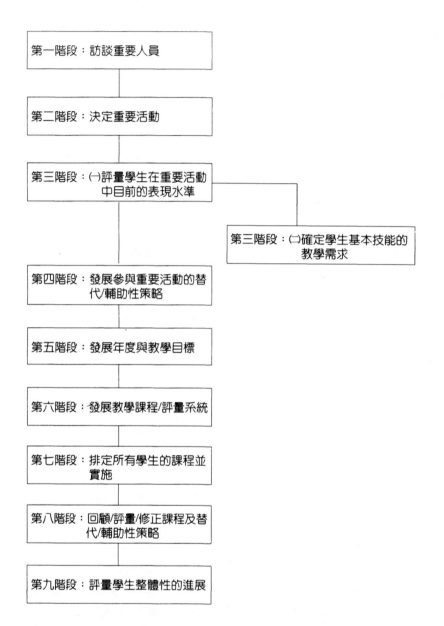

圖 1-1　個別化重要技能模式(ICSM)系統化教學過程之各階段

9. 評量學生整體性的進展。定期評量每一位學生在所有課程領域上的進步程度，以及是否達到學生與重要人員的需求。

定義

有些我們已經使用的名詞具有特殊意義。為幫助您更瞭解個別化重要技能模式，接下來我們將會談到主要環境（目前的與未來的）、次級環境、符合實際年齡、重要技能等。這些定義是依據許多理論家、研究者與醫療人員的著作而下的，包括布朗（Brown）和他在威斯康新大學的同僚，舊金山州立大學的雪拉（Saila），堪薩斯大學的蓋斯（Guess）以及奧勒岡大學的貝勒明（Bellamy）與威爾寇斯（Wilcox）。依據這些定義而訂定的教學課程對個別化重要技能模式而言是獨一無二的。

　　主要環境：指身心障礙者與非身心障礙者居住、工作、購物、娛樂、與他人互動的環境或場所。主要環境的例子如下：

- 住家　　　　　　　　　- 戲院
- 公園　　　　　　　　　- 保齡球館
- 身心障礙者住宿家庭　　- 高爾夫球場
- 工廠　　　　　　　　　- 社團
- 銀行　　　　　　　　　- 教會
- 服飾店　　　　　　　　- 普通學校
- 雜貨店　　　　　　　　- 特殊學校

　　自然環境：指非身心障礙者選擇居住、工作、購物、娛樂、與他人互動的場所。重度身心障礙者通常由於社會的價值觀與期望而沒有參與自然環境的活動。

　　只有身心障礙者的環境：指只有身心障礙者居住、工作、購

物、娛樂與他人互動的那些場合。只有身心障礙者的環境包括：

　　－特殊中心／學校　　　　－身心障礙者住宿家庭
　　－特殊奧林匹克運動會　　－教養機構
　　－身心障礙者社團

　　目前的環境：指個體目前參與的場所。

　　未來的環境：指個體可能居住、工作、娛樂、購物或與他人互動的自然環境。

　　次級環境：在主要環境之內的地方或要素。
例如，戲院的次級環境包括：

　　　　　　　　　－售票處　　　－大廳
　　　　　　　　　－座位／看台　－廁所
住家的次級環境包括：

　　　　　　　　　－廚房　　　　－庭院
　　　　　　　　　－浴室　　　　－內院
　　　　　　　　　－客廳　　　　－車庫
　　　　　　　　　－臥室

　　任何環境（只有身心障礙者的或自然的）都可細分成許多次級環境。

　　活動：活動是發生在個別的次級環境中之一組技能或連續的技能。一個活動敘述一項結果。活動對環境產生作用或對個體產生功能上或利益上的實質效果。

主要環境：家
次級環境：廚房

活　　動	結　　果
1.準備食物	1.能供自己吃食，若有可能，供給他人吃食
2.進食	2.能維持生命
3.清洗碗盤	3.有乾淨碗盤以供下餐使用

主要環境：戲院
次級環境：大廳

活　　動	結　　果
1.購票	1.能夠進入戲院
2.買飲料、糖果、爆米花	2.能夠滿足口渴、饑餓或吃零食的慾望

符合實際年齡活動：指非身心障礙同儕在特定的次級環境或主要環境中所進行的活動。例如，在住家環境之下的次級環境－廚房，進行準備食物的活動。符合實際年齡的活動包括：

　　－作花生醬三明治，適合五到七歲的孩子。
　　－作三明治或餅乾，適合八到十一歲的孩子。
　　－準備簡餐與泡熱巧克力，適合十二歲到十四歲的孩子。
　　－計劃作菜或照食譜作菜，適合十五歲到十八歲的孩子。

技能：指進行或參與某項特定活動所需之連續行為。技能可能

依個別情況而不同，重度身心障礙者進行「洗碗盤」活動可能與其他人清洗碗盤有相當大的不同。

　　重要技能：指所有在學生生活中佔有重要地位的人員都認為相當重要的相關與基本技能，且這些技能會增進學生參與目前與未來他將居住、工作、娛樂，以及與非身心障礙者互動環境之符合實齡的活動。下列為可能的重要技能：

- 活動：以看電視為一項休閒活動（因為學生喜愛某些特定的電視節目，而且家人要學生能獨立做此項活動）。
- 活動：在鄰近的便利商店買零食（因為家人住在商店附近，且表示希望他們的孩子會做此項活動）。
- 活動：在速食店用餐（因為家人每星期都進行此項活動，他們希望其子女能參與此活動）。

重要技能與功能性技能並不相同。重要技能是功能性的，但並非所有的功能性技能都是重要的。例如，摺疊乾淨的毛巾是功能性的、有用的成人技能，且一般而言許多非身心障礙成人都做此項工作。然而，摺疊毛巾並不是重要的，除非與學生有重要關係的人認為它是必須的而且重要的。（當然不需摺疊毛巾的學生也能過滿意的生活）

❖　摘要

　　不論我們是家長或專業人員，我們這群與重度身心障礙者一同工作的人長久以來一直關心著要教什麼。自一九七〇年代以來，已經有許多人對課程發展有興趣。因此，出現了兩種重要的課程方法：發展性與功能性/補救性技能模式。

　　許多教育人士對傳統的課程感到失望，因爲這些課程不能使學生學會能更完全地參與生活的特定技能。個別化重要技能模式被當作是一種可取代發展性與功能性/補救性技能模式的選擇。個別化重要技能模式提供教育者與父母一個有系統的方法以發展、實行與評估教學課程。一、它強調學生參與目前環境的適合實齡活動所需的重要技能。二、它爲每一位個體將參與不同的未來自然環境作準備。個別化重要技能模式的系統化教學過程共分九階段。藉著經歷這些階段的工作，教育人士與撫養人可發展設計、實行與評估教學課程指標，而且課程內容是參考重要人員 與社區狀況而定的。我們已經知道個別化重要技能模式的發展過程與其內容是什麼了。下一章我們將詳細地看看它的每一階段。

參考書目

Baumgart, D., Brown L., Pumpian, I., Nisbet, J., Ford, A., Sweet, M., Messina, R. & Schroeder, J. (1982). Principal of partial participation and individualized adaptations in educational programs for severely handicapped students. *The Journal of The Association for Persons with Severe Handicaps, 7*, 17-27.

Bellamy, T., Horner, R. & Inman, D. (1979). *Vocational habilitation of severely retarded adults.* Baltimore: University Park Press.

Brown, L., Branston, M. B., Hamre-Nietupski, S., Johnson, F., Wilcox, B. & Gruenewald, L. (1979). A rational for comprehension longitudinal interactions between severely handicapped students and nonhandicapped students and other citizens, *AAESPH Review, 4*, 1: 3-14.

Brown, L., Nietupski, J. & Hamre-Nietupski, S. (1976). Criterion of ultimate functioning. In M. Thomas (Ed.) *Hey, don't forget about me! Education's investment in the severely and profoundly handicapped.* Reston, VA: The Council for Exceptional Children.

Brown, L., Nisbet, J., Ford, A., Sweet, M., Shiraga, B., York, J. & Loomis, R. (1983, Fall) *The critical need for non-school instruction in educational programs for severely handicapped students. Journal of The Association for Persons with Severe Handicaps, 8* 3:71-77.

Donnellan, A., (1984). *The criterion of least dangerous assumption, Behavioral Disorders, 9:* 141-150.

Gold, M., (1980). An adaptive behavior philosophy: Who needs it? In Marc Gold: *Did I say that?* Research Press Company: Champaign, IL.

Hamre-Nietupski, S. & J. Nietupski. Integral involvement of severely handicapped students within regular public schools. *The Journal of The Association for Persons with Severe Handicaps, 6*, 2: 30 39.

Horner, R., Meyer, L. & Fredericks. H. (1986). *Education of learners with severe handicaps.* Baltimore, MD: Paul H. Brookes Publishing Co.

Nirje, B. (1980). The normalization principle. In R. Flynn & K. Nitsch (Eds.), *Normalization, social integration, community services.* Baltimore: University Park Press.

Sailor, W., Wilcox, B. & Brown, L. (1980). *Methods of instruction for severely handicapped students* Baltimore: University Park Press.

Savage, S. St. John, H., Goldie, B., & Barry, K. (1980). *Instructional programming for the severely handicapped: A functional skills approach.* Sacramento: California State Department of Education.

Snell, M. E., (Ed.). (1983). *Systematic instruction of the moderately and severely handicapped.* 2nd ed. Columbus, Ohio: Charles E Merrill Publishing Co.

Wehman, P., Bates, P. & Renzaglia, A. (1980). Characteristics of an appropriate education for severely and profoundly handicapped individuals. In(Eds.) P. Wehman & J. Hill. *Instructional programming for severely handicapped youth: A community integration approach,* Richmond, VA: School of Education, Virginia Commonwealth University, 50.

Wilcox, B. (1982, July). Forum: Mastering prerequisite skills: The 'readiness' logic. *TASH Newsletter, 8*(7).

Williams, W., Brown, L. & Certo, N. (1975, September). Basic components of instructional programs for severely handicapped students. *Studies in Behavioral Disabilities.* vol. 1. Madison, WI: University Madison, Wisconsin.

Wolfensberger, W. (1972). *The principle of normalization in human services.* Toronto: National Institute on Mental Retardation.

第二部分——

第二部分針對個別化重要技能模式系統化教學過程的九個階段進行討論。每章都詳細地談到個別化重要技能模式中的某一階段的所有或部分過程，此外也明確地指導如何達到實施重要技能模式的必經階段。並在需要的地方，提供已完成的表格與如何做決定的指導方針。第二部分的這些章節都完全按個別化重要技能模式的實施步驟來進行討論。

第二章
訪談重要人員㈠

最少危險假設的準則有利於那些支持家長與
專業人士之間相互建立明確夥伴關係的課
程。強調學校與家庭之間真實與持續互動的
課程符合了最少危險假設的準則，而認為家
長參與為非必要的課程卻不能符合此標準。

杜乃倫（Donnellan,1984, p. 148）

現在學校有將家長納為教育小組一員的義
務，此教育小組可同意教育課程並決定教育
安置。

賽利格門（Seligman, 1979, p. x）

目標與優先順序。家長與專業人士對於特定
的課程目標與相對重要的事物可能有不同的
想法。

魯斯（Roos, 1978, p. 43）

❖　訪談重要人員是設定教學目標的工具

　　當我們決定要教什麼時，有時會覺得我們的選擇雜亂無章，缺乏協助我們做決定的準則。猜測要教什麼讓我們覺得不安。我們怎麼知道這些技能是否會增進學生的生活品質呢？

　　在決定教學內容的優先順序時，教師經常依賴正式的評量、先前的資料與以前專業人員的記錄、他們自己的觀察與家長提供的資料。但是往往未曾考慮過家長所關心的事，直到在個別化教育方案會議前或個別化教育方案會議時才會被提起，這時家長與教師可能非常憂慮。公式化的個別化教育方案會議、必要的文書工作、其他的參與人員（如行政人員、助理職員等等）、時間的限制，以及其他偏離主題的話題經常使家長與教師之間無法完全交換意見。甚至那些有機會與家長長談的教師，在個別化教育方案會議之前，對於要教什麼也經常只有一般性的瞭解，而且只有三或四個主要教學目標。

　　在個別化重要技能模式中，訪談重要人員是為了設定教學目標。這個訪談讓家長與教師以有系統與有組織的方式來進行溝通，雙方分別找出學生目前的能力水準，瞭解現在的需求與未來的希望。因此，教師與家長雙方經由訪談對彼此與學生有較多的了解。

　　以下，我們將探討家長與教師之間的關係並討論訪談重要人員的各個層面。（稍後，第三章會介紹訪談所使用的表格。）

❖　家長與教師之間的關係

　　在詳細訪談重要人員之前，讓我們來探討一下家長與教師之間

的關係。很少人會對家長參與其子女的教育持異議的,但是,卻少
有人花心思在努力促進與家長之間的溝通協調上(Seligman,
1979)。更甚者,大多數的教師訓練課程很少提供機會讓教師學習
與家長做有效溝通的技巧與方法(Kroth, 1975)。訪談重要人員的
過程能加強並提供家長與教師建立和諧關係的基礎。

個別化重要技能模式增進教師與家長之間的瞭解

　　雪利格門(Seligman, 1979)說「深入家庭的動力幫助教師更真
實地評估特殊兒童與其家庭、其家人的龐大負擔、支持他們渡過危
機的防衛機轉與力量。而且這些知識也幫助老師瞭解家長有時無法
被理解的奇怪與不合理的反應。」要記住:家長除了我們經常看到
的一面之外,還扮演了許多不同的角色,身心障礙兒童的父母也同
時是非身心障礙兒童的父母、他們也是配偶、工作者、父母的子
女、兄弟姐妹、鄰居、社區成員等。即使是對他們所關心的孩子有
非常良好共識的家長與教師,雙方都各有其他需關心的事物,必須
花時間與精力在其他事物上。我們也要記住,有身心障礙子女的家
庭已經做了且持續地在做許多調適。鄧肯(Duncan, 1977)將這種
家庭調適過程比擬為人在面對死亡時的典型反應階段:否認、討價
還價、憤怒、抑鬱消沉、最後接受事實。菲立普・魯斯(Philip
Roos,1968)是這個領域的專家,而且他本身也是身心障礙兒童的父
母,他指出六種家有身心障礙兒的父母最普遍顯現的型態:喪失自
我價值、羞愧、正反感情並存、抑鬱消沉、自我犧牲與自我防衛。
對於建立及維持與家長之間的關係,教師應隨時牢記家庭生活的複
雜性,其所扮演的角色是支持與中立的。教師以共同關心學生終身
幸福的角度來表達其關懷,但他們仍有其工作要做,不可否認的
是,在照料學生與專業知識之間存在著緊張情勢,但需提醒教師的
是:家長同樣地也面臨了此不可避免的緊張狀態。

增進訪談技術

當教師仍在蒐集需要的資料以便為學生做最好的決定時，可使用許多口語訪談技術來表示他們的關心，這些技術是教師隨時可使用的有用工具，尤其是在訪談重要人員時。這些技術敘述在表2-1。

❖　如何進行重要人員訪談

訪談重要人員是個別化重要技能模式的系統化教學方法中一個最重要的階段。訪談提供了每一個學生的課程、教學與評量的基礎，訪談促進家長與教師之間建立合作與關懷的關係。它是發展教學目標與真正反映每位學生個別需要的個別化教育方案的基礎，它同時也提供了家長貢獻其心力的好機會，讓他們成為個別化重要技能模式每一階段的合作者。

誰是重要人員？

重要人員是指那些在學校以外影響學生與其家人，或者每天與學生以及其家人互動的個體。學生日常生活中的重要人員是父母或主要撫養人，可能也包含兄弟姐妹、祖父母、家庭中的其他親戚、家庭的朋友以及非學校的專業人員（如，個案工作者、醫生、醫院的治療師、牧師等）。重要人員並不包括教育工作者，雖然教師在學生的生活中扮演相當重要的角色，此角色通常都是暫時性的。

而家長或撫養人在學生的生活中一直被視為重要人員，且與其他的重要人員相當不同，因此重要人員的訪談分成兩部份：家長或撫養人訪談與其他重要人員訪談。從家長那裡獲得的資料會一直持續地保留著，如果有由其他重要人員處獲知的訊息，則視他（或她）與學生以及其家人互動的型態與時間的多寡而定。雖然在訪談

家長時對於應該訪談誰似乎是相當明確，但當許多人共同照顧一個特定學生時，要決定對誰進行訪談就變得相當複雜了。下列一些指導方向將會對你有所助益的。

決定該訪問誰？

1. 學生與父母居住：要選雙方皆能參與時進行訪談，如此可讓你獲得有關家長雙方的教學優先順序，以及可能有助於解決衝突的資料或瞭解父親與母親之間的觀念與喜好的差異。

2. 學生在外住宿：要與負責每天照顧學生的主要人員進行訪談。在大多數的情況下，你需要訪問從學生起床後到上學前負責照顧他（或她）的人。如果是由不同的人員負責，則你需要訪問那些照料學生由學校回「家」後直到學生上床睡覺的人員。如果這些人員是輪班工作的，則需要與負責每一時段的人員進行訪談。你一定要提供有關訪談目的與訪談內容給宿舍管理員，並獲得他們同意你訪談工作人員的許可。

3. 學生部份時間在外住宿，部份時間在家居住：要分別與負責照料學生的工作人員以及家長進行訪談。並非全部的訪談內容都牽涉到家長及工作人員二者。

4. 一群學生居住在相同的環境設施：你可以同時進行許多訪談。這些學生可能是你班上的或學校其他班級的成員。你可從每日的時間表與每週活動來蒐集資料，因為在大部份情況下這些東西都是一致的。有關教學優先順序的資料則須為每一個學生蒐集。

　　因為家長或撫養人訪談將是你的教學內容的重心，下列是一些有關此方面的建議。

訪談的目的

　　訪談家長的目的有四階段：

1. 瞭解家長對學生目前的能力水準與基本技能的教學需求之看法。
2. 瞭解學生參與哪些活動，以獲得學生在每項活動的表現及參與程度等一般性資料。
3. 瞭解家長認為哪些適齡的活動或潛在的環境對學生的未來是很重要的。
4. 瞭解家長對學生目前參與或未來將會參與的教學活動與環境之優先順序。

訪談的地點

盡可能在學生居住的地方進行訪談。其理由如下：

1. 家長或撫養人較可能會覺得自在。
2. 你可看到學生居住的地方，他或她需要什麼，家長／撫養人如何處理學生的適當與不適當行為。
3. 如果有機會的話，你可在學生的兄弟姐妹覺得自在的環境中與他們談談話。
4. 你可找出在學生住家附近有哪些環境是他（或她）現在或未來可能參與的。
5. 你可看到家中部份的設備與器具（例如，浴室洗手台的水龍頭式樣、爐子的形式或玩具的式樣等。）如果家長或撫養人認為使用這些設備是很重要的活動，則這些資料將是不可欠缺的。

大多數的家長會欣然同意在家接受訪談。但是，如果家長或撫養人不願意，則排定在一個會令家長輕鬆自在並且離他們家近的環境來進行訪談（例如，餐廳之類的地方）。避免在學校進行訪談。因為學校是你的環境，而且是家長或撫養人會覺得無法輕鬆自在的環境。

訪談的時間長度

如果你知道你要什麼資料、如何蒐集它以及循什麼步驟進行，你應該能在一個鐘頭內完成訪談。實際的時間長度視你對進行訪談的熟練度以及你與家長或撫養人的關係而定。你必須要有充足的時間來讓你自己與家長（或撫養人）在輕鬆自在的氣氛下進行訪談。

訪談的組織與內容

訪談是由許多步驟所組成的，依下列順序來進行：

1. 安排訪談。
2. 進行訪談。
   (1)介紹與訪談前的討論。
   (2)收集資料。
   (3)總結訪談內容。
3. 追蹤訪談。

安排訪談：在許多情況下，你需要先打電話聯絡家長（或撫養人）以排定訪談事宜。電話中需提及的要點包括：a)你打這通電話的目的；b)你要與家長討論的話題；c)蒐集資料的目的；d)訪談的時間大約有多久；e)每個人都方便的訪談地點、日期與時間。如果家長或撫養人講外國語，要詢問是否有人可為他們翻譯，或是否他們要你提供翻譯人員（事實上，你可能需要一個翻譯者以安排訪談），要注意到語言與文化的不同與這些差異能如何豐富學生的生活。當與家長或撫養人進行訪談時，要使用他們所熟悉的術語。

你在安排訪談時的態度會影響訪談本身。如果你很輕鬆自在、友善、有禮而且體貼，家長相對地可能有相同的反應。但是，如果你表現出很恐懼進行訪談、使用家長不瞭解的專門術語或家長對訪談的目的不清楚，家長可能會較不願參與。在與家長聯繫前，先拿這些問題問你自己：「如果我的校長打電話給我，討論有關我和學

生目前在做什麼，將來要做什麼，她要如何與我溝通，我才能瞭解她要什麼訊息與她為什麼要這些資料？她要如何跟我溝通訪視的目的，我才會期盼她到我的班上來呢？」當你與家長（或撫養人）互動時，要待他們就如你希望別人如何對待你一樣。

　　進行訪談：可依三個部分來訪談家長：(a)介紹與訪談前的討論（自進學生的家，直到真正開始從家長或撫養人處蒐集資料的對話）；(b)蒐集資料；(c)總結與結束。
　　介紹與訪談前的討論可幫助你：

1. 與家長之間建立融洽和諧的關係。如果你與家長（或撫養人）已有一些接觸，與他們閒聊將會使彼此覺得更輕鬆自在。但是，要記住：你要從一開始就建立訪談的明確目的以及注意時間的重要性。
2. 反覆地提到訪談的目的與順序。向他們解釋你將需要做筆記。
3. 討論重要的資料與這些資料將如何被使用以發展教學課程。
　　訪談的目的主要在蒐集下列資料：
1. 學生在一些環境的行為。
2. 在一週當中與週末學生目前正參與的活動。
3. 描述學生在活動中的表現。
4. 有關學生參與自然環境中的未來活動，家長對學生表現之期望。
5. 家長（或撫養人）認為重要的活動。
　　要蒐集這些資料，你可能要運用本章先前提到的口語訪談技巧。訪談中蒐集資料的部分將在下章中詳細解說（訪談表格）。
　　在這一部分的訪談中，你與撫養人可能須討論相關的問題。雖然對家長而言發洩情感是有益的，但這個訪談並非為諮商而進行。如果家長或撫養人需要談談並分享他們所關心的事情，你也許要另外安排為此目的的會談，或者你也許可幫助他們從（校內或校外

的）受過專業訓練的諮商人員處得到協助。訪談時，要對家長所關心的事或需求敏銳。如果有重大衝突與抗拒產生時，則要彈性地停止訪談。如果家長對有關學生、家庭問題或個人問題發表意見，要向他們保證這些資料是秘密的，不會對外人公開的。

　　總結訪談是暗示家長討論已結束的信號。與家長一起回顧剛才討論的相關資料並重述將如何處理這些資料，要感謝家長花時間與你分享觀察資料與感覺，並告訴他們你感謝有此機會與他們一起共同計畫他們子女的教育。

　　追蹤訪談：追蹤訪談大多以電話來進行，它的目的在：詢問家長是否對你所蒐集的資料有任何要補充說明的，討論你已決定的暫時教學目標、活動以及環境，並與家長（或撫養人）協商這些決定。

❖　摘要

　　教師在為學生設定教學目標時，往往忽略了家長。教師須將家長視為複雜的個體；調適、適應機轉與緊張情緒都是家庭生活中自然的一部分。個別化重要技能模式以訪談重要人員來找出學生目前與未來的環境中有特定需求的領域。重要人員是指那些在學校以外對學生有影響或每天與學生以及其家人互動的人，其中，訪談家長特別重要。訪談讓教師表達其關心，並將家長視為一同工作的小組成員之一。運用正確的技巧，教師應該能排定在學生家中或在其他令人舒適自在的環境中（以介紹、蒐集資料與總結等步驟）進行大約一小時的訪談並追蹤訪談。

　　下一章我們將討論讓這些工作做起來較容易的表格。

表 2-1 口語訪談技巧

技　　術	定　　義	範　　例
㈠探詢 1. 一般的引導	非特定的問題以使受訪者導向特定的話題上。	「您希望從現在起三年內，約翰在休閒領域中參與哪些活動？」
2. 追蹤引導	挖掘某特定領域之細節並根據受訪者的反應決定時間。	「告訴我更多有關約翰如何洗手的事。」
3. 繼續引導	設計問題以引導受訪者繼續提供某些特定的訊息。	「您提到過您到哪兒，就把約翰帶到哪兒，你們一起到過哪些特定的地方？」
4. 擴大引導	訪問者解釋並擴大某一特定的問題，然後讓受訪者提供更多的訊息。	「我們目前用來設計約翰的教學課程模式的主要要素之一就是符合實際年齡的活動。因為約翰已經十二歲了，玩百寶箱對約翰而言似乎不符合他的實齡，有哪些其他符合實齡的活動是他能參與的？」
5. 試探	訪問者敘述意見或詢問受訪者以試探出當他與受訪人談話時心中浮現的直覺想法。	「我覺得您很怕讓瑪麗搭公車去做職業訓練。」
㈡瞭解 1. 重述	簡單地重新敘述受訪者剛述說的內容。以一句一句的形態來重述受訪者的話。	（注意：簡潔地敘述）
2. 改說	與重述技巧非常相關，但最大的不同在訪問者將自己的話語放進他從受訪者那裡聽來的訊息，以表示瞭解受訪者所說的。	「現在，讓我來看看是否我瞭解你剛剛所說的……。」

表 2-1　口語訪談技巧（續）

技　術	定　　義	範　　例
3. 反映	係訪問者藉以再次體驗他認為受訪者經歷過的感受之技巧。它反應出話語及話語之下所表達的感情。	「當您談到瑪麗的未來時，看起來很憂傷的樣子。」
4. 總結	訪問者以簡短的結論總結從受訪者處獲得的資料。	「讓我們來看看你提到約翰的一週時間表中最優先的活動。」
(三)支持 1. 分享	訪問者簡潔地分享經驗、意見、或態度以支持受訪者繼續討論，或讓他們知道有人分擔他們的問題與關心的事物。	「在試著為約翰找出他能參與的活動時，我有時也覺得很沮喪。但藉著我們一起工作，我覺得很有信心，我想我們可以找出一些答案。」
2. 安慰	安慰他人或分享對某人關心的情感。訪問者想要幫助受訪者感覺較舒坦的技巧。	「我對您認為自己沒對約翰善盡父母之職的感覺很關心。身為重度身心障礙兒童的父母常常面臨相當大的困難。讓我們來看看您已為子女盡了很多心力的事。」
3. 表達關懷	訪談並非機械性的，非關個人的活動，有時它幫助訪問者表達對某人與某人訪談時的情況的關懷。	「我對讓約翰更獨立與減輕您的負擔很關心。我要感謝您為照料約翰所花的心血與對我的支持。謝謝您。」

參考書目

Benson, H. & Turnbull, A. (1986). Approaching families from an individualized perspective. In R. Horner, Meyer, L. & Fredericks, H. (Eds.) *Education of Learners with Severe Handicaps*. Baltimore, MD: Paul H. Brookes Publishing Co.

Duncan, D. (1977, May). *The impact of a handicapped child upon the family*. Paper presented at the Pennsylvania Training Model Training Session, Harrisburg, PA.

Kroth, R. (1975). *Communicating with parents of exceptional children: Improving parent-teacher relationships*. Denver, CO: Love Publishing Co.

Roos, P. (1978). Parents of mentally retarded children—Misunderstood and mistreated. In A. P. Turnbull & H. R. Turnbull (Eds.). *Parents speak out: Views from the other side of the two-way mirror*. (pp 13-27). Columbus, OH: Charles E. Merrill Publishing Co.

Seligman, M. (1979). *Strategies for helping parents of exceptional children*. New York: The Free Press.

Turnbull, A. & Turnbull, H. (Eds.). (1978). *Parents speak out: Views from the other side of the two-way mirror*. Columbus, OH: Charles E. Merrill Publishing Co.

Winkler, L. Wasow, M. & Hatfield, E. (1983, July-August,). Seeking strengths in families of developmentally disabled children. *Social Work.*, Vol 28, 4:313-315.

Winkler, L. (1983). Chronic stresses of families of mentally retarded children, *Developmental disabilities—No longer a private tragedy*. National Association of Social Workers Publications Sales, 7981 Eastern Ave. Silver Springs, MD, 20910.

第三章
訪談重要人員㈡

這種景像有何錯誤？

在學校的「開放日」，雪梅妮的父親告訴她的教師他希望雪梅妮能做些簡餐，這樣當她饑餓時可以自行用餐以及幫家人準備餐點。學期末雪梅妮的教師驕傲地向其父親報告雪梅妮已經在學校的教師休息室中學會用微波爐做四種簡餐以及許多的點心。他很高興聽到這消息，但是他們家裡並沒有微波爐，他詢問是否她可以學習用傳統的爐子做菜。

布萊恩班上的學生曾經去過附近社區的游泳池。體育老師通常帶一群學生到游泳池教他們游泳或玩水。布萊恩不喜歡水，而且他家沒有游泳池，也無法找到可讓他游泳的場地。他的家人沒有經常游泳，甚至在夏天亦是如此。他的家人非常喜愛打保齡球以及在鄰近的體育館運動。學年末了，布萊恩還是非常不喜歡游泳池的活動，而且他在游泳技能上也沒有重大的進步。

❖　訪談表格

訪談表格共有十三張，其目的是為協助教師進行個別化重要技能模式的重要人員訪談而設計的（見表 3-1）。當你逐一檢視每一張表格時，你會更瞭解為何訪談重要人員被認為是個別化重要技能模式的基石。

訪談家長或撫養人

接下來我們要談的是前十二張表格，並提供已完成的表格當參考。我們的範例是以一位教師訪談其學生（菲利普）的家長所完成的表格為主。表格上所提到的家長的語言僅為方便訪談的進行；可使用撫養人或法定監護人容易讀懂的語言。

個案研究

菲利普，八歲，被診斷出患有重度智能障礙與輕微的腦性麻痺。菲利普與祖母已共同生活了六年。當他兩歲時，他母親認為她無法照顧菲利普。從那時候起，菲利普的母親再也沒有和他及他的祖母聯絡過。

目前，菲利普就讀於專為重度身心障礙者而設的特殊學校。班上有十個學生，幾乎全部的學生能力程度都與菲力普相當。這個班級有一位教師，珍‧布雷爾太太，另有一位全職的助理教師。這次的訪談共進行了一小時十分鐘。

家長／監護人訪視表（即封面表格）

家長／監護人訪視表是為了協助你組織與記錄有關訪談的日期、時間與地點等資料而設計的，通常在訪談之前完成此表。表 3-2

表 3-1   個別化重要技能模式重要人員訪談

標　　　題		目　　　的
工作單 1：	家長／撫養人訪視表	組織與儲存有關的日期、時間、地點的資料。
工作單 2：	個別化重要技能模式社區生態環境調查表	記錄有關學生住家附近可能經常使用到的一些特定環境的資料。
工作單 3：工作單 4：	一週時間表	蒐集有關一週當中學生非上學時的「典型」作息時間的資料。
工作單 5：	額外的例行活動表	取得在典型的一週當中進行，但是並每日發生的活動之資料。
工作單 6：	週末活動表	取得通常在典型的週末進行的活動之資料。
工作單 7：工作單 8：工作單 9：	行為與基本技能資料表	提供一系列有關學生的一般行為的問題。
工作單 10：	父母／監護人對未來教學活動與環境的優先順序表	找出未來學生參與的居家、休閒、社區、職業環境的活動。
工作單 11：	初步摘要／基本技能與各課程領域重要活動之統整	記錄並列出指定的教學服務人員與重要人員所確的基本技能；統整並排定重要人員高度喜愛的活動之優先順序；與重要人員完成統合課程的雛型；以及記錄教師或工作人員在指導重要活動時會使用的提示。
工作單 12：	進一步聯絡事項摘要表	記錄父母所做的任何其他重要說明；記錄你將須要聯絡的其他重要人員的姓名、地址、電話號碼；記錄與父母溝通有關學生暫時的學習目標之日期、時間，以及方式。
工作單 13：	其他重要人員訪談表	除主要撫養人之外，在學生生活中有影響力的重要人員處取得有關學生的資料。只用在與學生有長久或持續一段時間與其相處的其他重要人員。

所列的是訪談菲利普所使用的家長／監護人訪視表。

家長／監護人訪視表是一張一目了然的表格，表上附有指定的教學服務評量部分，萬一需要時可利用。根據聯邦與加州的法律，家長必須被告知他們的子女曾做了哪些評量與評量的內容。家長可詢問所有有關其子女的評量計畫，特定的評量工具或評量結果，因此，你應該知道評量計畫的要素與每一個評量的情形。此外，為協助家長瞭解訪談資料如何與評量資料相結合，以訂定其子女的教學目標，每一個評量須附有簡短的評語，且須有一位負責評量的人員以及評量情形的報告。

社區環境生態調查表

社區環境生態調查表是用來記錄學生住家附近與經常利用的特定環境之有關資料。在訪談當中，當家長決定其子女未來能參與的活動與環境時，這些資料都會被使用到。表 3-3 就是為菲利普所做的個別化重要技能模式的社區環境生態調查表的完成範例。

為了要有足夠的時間完成社區環境調查，教師需在與學生的家長進行訪談前二十分鐘抵達。（因此，你不要把訪談時間排在放學後馬上進行，要在行程外加上至少二十分鐘的時間。）在學生住家附近開車或走路繞一繞，你可以列下一些特定的環境，這些地方的地址或位置，或記下一些往後會用到的筆記。對合適的環境概略地觀察就足夠了，如果某一個環境中的某一項活動被選定為重要活動，以後可再進行分析。

一週時間表

一週時間表的目的是蒐集學生在一週內（從週一至週五）「經常性的」非學校活動。你的記錄要分二部分：首先，從學生起床到上學，然後從他（或她）由學校回到家一直到上床就寢。下列是一些必須蒐集的特定資料：

表 3-2　工作單 1

家長／監護人　訪視表

學生：菲利普　　　　　　　至訪談地點的說明：44 號西向公路，在第

生日：1978 年 10 月 7 日　　2 街下交流道，市場的左方，右手邊黃色房子
地址：帕皮街

電話：　　　　　　　　（家）　　　　　　　　　　　（公司）

家長／監護人姓名：喬伊絲·卡爾　　重要關係人：

訪視日期：1989. 2. 4　　　　　　訪　視　人：提葛

指定之教學服務評量

神經生理評量：動作技能的功能性評量

心理醫師：布雷根絲醫師

語言評量：功能性語言評量

其　　他：

醫療資料：抽筋─眨眼、小發作

其他相關服務人員（地區中心、職業訓練等）：

潘·瓦特（物理治療師）、史東（職能復健師）

表 3-3　工作單 2

（訪談前與訪談後使用）

社區環境生態調查表

領域：休閒／娛樂　　　　**交通工具**：停車標示／走路

環境：社區公園　　　　　**調查者**：

地址：帕皮街與第三街交叉　**日　期**：

　　　　路口　　　　　　　　**聯絡人／負責人**：

電話：

說明：大型公園、遊樂設施、休閒中心

社區環境生態調查表

領域：社區　　　　　　　**交通工具**：停車標示／走路

環境：7-11 便利商店　　　**調查者**：亞斯‧瑞德

地址：帕皮街與第二街交叉　**日　期**：　1984. 1. 11

　　　　路口　　　　　　　　**聯絡人／負責人**：

電話：

說明：便利商店—電動遊樂器、思樂冰

表 3-3（續） 工作單 2

（訪談前與訪談後使用）

社區環境生態調查表

領域：社區 _____ **交通工具**：交通繁忙的十字路口／走路 _____

環境：購物中心／電影院 _____ **調 查 者**：_____

地址：離第二街 6 條街處 _____ **日　期**：_____

聯絡人／負責人：_____

電話：_____

說明：大型購物中心─三層樓的電影院

社區環境生態調查表

領域：_____ **交通工具**：_____

環境：_____ **調 查 者**：_____

地址：_____ **日　期**：_____

聯絡人／負責人：_____

電話：_____

說明：

1. 學生的活動以及這些活動平常的順序。
2. 每一個活動的主要環境與次級環境。
3. 在目前的時間表上，每一項活動的大約時間長度。
4. 符合年齡的活動、材料與環境。
5. 以家長的觀察結果來描述學生在這些活動的表現。
6. 讓家長以這些活動排列其子女教學的優先順序（高、中、低）。

表 3-4 是一張已填寫完成的菲利普一週活動時間表的範例（週一至週五）。工作單 3 是時間表的第一頁；接下來的表格是工作單 4 的複本。

以下即就表格每一部分的資料填寫做詳細的說明：

活動：必須是能清楚地列在某個一般名稱之下的技能群，且此一般名稱在分類時易於區分。例如：穿衣、準備與用早餐、整理儀容、看電視、掃地與搭公車去上學。不要過度分類活動。例如：不要將「把褲子脫下、坐上馬桶、擦拭屁股、沖馬桶與把褲子穿上」列為分開的活動。這些可能是被稱為「上廁所」的活動中的技能（要素）。（每一個技能稍後會提到。）以自然的順序（在典型的一天中活動的順序）蒐集每一個活動的資料。這樣的組織方式不僅在訪談時能協助你，而且也協助撫養人描述學生上學前與上學後的活動。

主要環境與次級環境：主要環境與次級環境詳細描述一般與特定的活動地點。當你在填寫一週時間表時，就大多數的情況而言，主要環境都是在家庭，但是，有時學生也可能固定參與家庭以外的其他環境。例如：學生可能在上學前或後到褓姆家去，主要環境就從家庭移到褓姆家。如果這個活動被決定為教學活動，則在這地點進行活動的資料是必須的，因為：

1. 要在特定的自然環境中進行教學活動。
2. 在模擬的環境中進行教學，因此環境的相關特性與次級環境都必須要列入考慮。
3. 藉著變通活動、教材或環境，可協助學生參與此活動。
須注意表格上每一活動發生的主要環境與次級環境的欄位。

　　大約時間：當某一活動被決定為重要教學活動時，在典型的一週活動當中，該特定活動的大約時間長度將變得非常重要。如果要家長協助學生學會並類化重要活動或技能，只有當他們的時間表最不受到干擾時，他們才較有可能如此做。例如：如果家長只有十五分鐘的時間可餵學生早餐，而吃早餐又是被決定的重要活動，則你知道學生必須要學會能在大約十五分鐘內表現此一活動的各種技能。變通的方法是要求家長重新安排一週活動表，並盡可能協助其重新安排一週活動表。這種變通方式是我們較不喜歡的方式，如果撫養人改變活動時間，則需要在所有相關的活動中大量地加強重要技能，否則「新的」時間表將無法維持。

　　要注意大約的活動時間（6:30-6:45,6:45-7:05），不僅是決定某一特別活動的時間長度，也協助你與家長詳列目前在時間表上的活動順序。在標上「大約時間」的欄位上記下每一活動的大約時間長度。

　　符合實際年齡：符合實際年齡是一項客觀的判斷。你需要考慮活動、使用的材料、活動發生的主要環境與次級環境。有許多顯然不符合實際年齡的活動、器材與環境的例子，例如：十八歲的身心障礙者與六至九歲的非身心障礙者一起做活動，九歲大了還在玩「百寶箱」；十四歲大了還在「兒童」的遊戲場盪鞦韆。其他也有些例子可能較不容易判定（比方說一個十歲大患有腦性麻痺的小孩使用有馬桶的座椅；十四歲大了還在吃嬰兒食物，因為他無法咀嚼

東西；六歲大了還包尿布，因爲她不會坐馬桶或尚未被訓練定時上廁所。）將你的判斷以「是」或「否」寫在表格中「是否符合實齡」那一欄中。

　　描述學生在這些活動的表現程度：詢問家長（或撫養人）以瞭解學生在活動中如何表現各種的技能。要確定家長瞭解你要的資訊型態，你必須找出他人要提供什麼程度與型態的協助以使學生能參與此活動。如果學生不需任何協助就會此項活動或活動中的某些特定技能，你也需記下它。不管你觀察到什麼，這部分的訪談主要是根據家長描述其子女的表現爲基準。如果某項活動被決定爲教學活動，稍後你要進一步分析學生在此活動的表現水準。請（根據家長的觀察）在表格上適當的欄位填入學生表現的相關訊息。

　　家長的喜好程度：家長（或撫養人）對每一個活動（或是達成某項活動的一些特定技能）的優先順序是以後決定重要活動時的主要依據。在表格上標示「教學優先順序，高、中、低」的欄位中記下撫養人排定的優先順序，高（表家長對此教學活動有高度喜好）中（表家長對此教學活動有中度喜好）低（表家長對此教學活動有低度喜好）。

　　此外，工作單 3 與工作單 4 有一說明欄，此欄提供你寫下家長或撫養人說明的空間，或是讓你記下一些訪談中提到的相關事情。爲幫助你記得是誰說的話，要將家長所作的說明以引述的方式標示出來。

　　取得一週時間表必備資料的建議：當你獲得訪談家長的經驗時，無疑地你會發展出屬於你個人蒐集與記錄資料的風格。因此，下列這些建議便是在協助您達成訪談目的：

　　1.以「起床」活動開始訪談，並且描述學生在此項活動的表

現。

例如：你可用「告訴我菲利普怎麼起床」的話題來開始這部
分的訪談。在活動那一欄記下「起床」。當撫養人描述學生
如何起床時，在「學生在活動中的表現」那一欄中記下他所
說的。如果家長沒有提供足夠的資料，要詢問一些能引導話
題的問題，像是「你需要叫他起床或他可以自己起床嗎？」
之類的問題。

2. 找出活動的大約時間、主要環境與次級環境。

在大多數的情況下，撫養人在描述學生目前的表現程度時，
都會提到這些資料。如果這些資料沒出現，則需以直接的問
題詢問（例如：「在上學的日子，菲利普通常幾點起
床？」）。

3. 找出這些活動、器材與環境是否符合學生實際年齡。

如果活動、器材與環境很明顯的不符實際年齡，你必須決定
此時與撫養人討論改變的方式是否是適當的時機。要以你和
這對家長（或撫養人）以前的互動情況、他們接受改變的意
願（例如：「我知道菲利普太大了不宜睡在我的房間裡，但
他害怕一個人睡。」）、以及此時若建議改變，你心裡的舒
適自在程度作為決定的依據。在提出改變方式時，永遠要考
慮對方並試著去瞭解為何撫養人讓學生參與此項特別的活
動，決不可因家長讓學生或甚至鼓勵學生參與此活動而看輕
他們。只有透過瞭解與同理心你才能幫助撫養人找出適合學
生實際年齡的活動、器材與環境。

4. 找出家長或撫養人對特定活動的教學優先順序。

這些資料在以後決定重要教學活動與技能時會變得相當重
要。詢問撫養人對此活動的喜好程度為高度、中度或是低
度。例如：「你剛剛描述了菲利普如何吃東西。你會將「吃
東西」列為高度、中度、低度喜愛的學校教學活動？」

表 3-4　工作單 3

一週時間表

學生：菲利普

　　按學生起床、上學、放學回家至睡覺的時間順序，列出學生日常生活作息的資料。

主要環境	次級環境	活動	大約時間	是否適合實齡	學生在活動中的表現	教學優先順序高、中、低	說明
家庭	祖母的房間	起床	6:30	否	睡在祖母臥房中的嬰兒床。祖母將嬰兒床的圍欄放下，抱起他並將他放在輪椅上。	低	祖母喜歡夜裡有他陪在身旁—要開始與祖母討論他是否真的有必要與祖母同睡一房。
家庭	浴室	上廁所	6:35～6:55	？	祖母將他抱出輪椅，放在馬桶上，一坐大約20分鐘，試著讓他定時上廁所。	高	取出晚上包的尿布（每次都是濕的。）將他放在地板上擦乾淨並換上乾淨的尿布。
家庭	浴室	穿衣	6:55～7:05	是	站在地上穿褲子、襪子、鞋子。再將他放進輪椅，並穿上上衣。有人幫助的話，他能將手穿出袖子，也能將上衣拉下讓頭露出，但需較長時間。	高	讓他較能自己穿衣。
家庭	廚房	用餐	7:10～7:30	是	將餐盤放在輪椅上，吃一般的食物，但祖母將食物弄碎。使用平常的湯匙與盤子。會試著自己握湯匙，但祖母幫他握緊湯匙，並將食物放入嘴巴。	高	當祖母讓他自己進食時有些食物從嘴角溢出，祖母必須擦他的臉。
家庭	浴室	整理儀容	7:30～	是	祖母幫他刷牙與梳頭。	低	牙醫說不要用牙刷。
家庭	客廳	等候校車	7:45～8:00	是	祖母喝咖啡。校車助理會到門口並推菲利普上車—菲利普坐著等候—看窗外。	低	休閒活動？

表 3-4（續）　工作單 4
一週時間表

學生：菲利普＿＿＿＿＿＿

　　按學生起床、上學、放學回家至睡覺的時間順序，列出學生日常生活作息的資料。

主要環境	次級環境	活動	大約時間	是否適合實齡	學生在活動中的表現	教學優先順序高、中、低	說明
家庭		從學校回家	大約 4:15	是	助理推菲利普的輪椅到門口－他們會聊幾分鐘	－－	
家庭	浴室	上廁所	4:15 ～ 4:30	是	祖母推菲利普到浴室，將他放在地上，取出尿布，放他在馬桶上約 10 分鐘。－換上乾淨尿布，再放回輪椅。	高	兒童便桶椅符合實齡。要改變座椅，他才能坐在普通的馬桶上。
家庭	客廳或廚房	玩－百寶箱枕頭小船	4:30 ～ 5:45	否否是	一次放一種東西在輪椅上的置物盤，喜歡捶打枕頭。	高	祖母知道百寶箱與枕頭不適合他的年齡，但「他玩這些東西已經許多年了。」
家庭	廚房	用晚餐	5:45 ～ 6:15	是	其他用餐時間相同，試著要握住玻璃杯，但是沒辦法。	高	
家庭	客廳	玩耍或看電視	6:15 ～ 8:00	否是	與之前的休閒活動相同，喜歡捶打他的輪椅置物盤。	低	
家庭	浴室	準備上床睡覺	8:00 ～ 8:15	是	再做一次浴室例行之事－將他放在地上，脫下衣服，再將他放在兒童用馬桶，穿上睡衣，再放進嬰兒床。		

5. 找出學生典型的一週時間表中接續的其他活動。

一旦你已收集到所有關於「起床」活動的資料，要詢問家長緊接著起床後的活動。例如：你可以詢問「菲利普起床後，接著他通常做什麼？」在活動欄記下活動並如前述的相同方式記下其他資料：描述學生的表現、大約時間、主要環境、次級環境、是否符合實際年齡與撫養人的教學優先順序。循此相同方式記下所有上學前與放學後的活動。

當你要求家長描述學生在活動中的表現時，他們可能會說學生能獨立地參與此活動，但是，透過進一步的詢問，你可能瞭解學生是在某種型態與程度的協助之下參與此活動。例如：假設這活動是「穿衣」，你要家長告訴你菲利普怎樣穿衣。家長可能會說「噢，他在穿衣這方面沒問題。他做得蠻好的。」此時，要進一步的探詢，詢問像「當菲利普穿上褲子時，你是否有給他任何協助？」之類的問題。家長可能會指出他們必須幫他穿褲子，只要褲腳一穿進，他自己就會從膝蓋處把褲子拉上。為了完整地瞭解學生在某項活動目前的能力水準，你可詢問家長其子女在此活動中各個技能的程度。

當你在詢問一些引導性的問題時，要記住撫養人並非故意保留資料或企圖欺騙你。家長可能太習慣於不加思索地就給予孩子協助。經由你的問題的協助，他們在描述了一、兩個活動之後，可能會不需提示就能詳細描述他們提供給孩子的協助。這部分的訪談可能成為撫養人寶貴的學習經驗。你的工作就是要獲得為學生發展相關教學課程所需的那些資料，並以他們的需求與立場來支持家長。

一週中額外的例行活動

工作單 5 之目的在取得發生在典型的一週中，但又不是每天都有的活動之資料。例如：每星期買兩次菜，一星期在洗衣房洗一次

衣服，週五晚上到餐廳用餐，大約一星期拜訪一次朋友等。事實上，因著不同的理由，這些活動對家庭而言可能極為重要。例如：雖然家人可能一週只外食一次，但全家人都喜歡此活動。然而，現在家人對此活動的喜好程度，卻因學生目前的能力程度與不適當行為大大地減退了。既然外食對家人而言是一項重要活動，撫養人可能會將此活動列為優先教學的活動。表 3-5 是已完成的菲利普的額外例行活動表（工作單 5）。

　　以填寫典型的一週時間表（工作單 3 與 4）同樣的方式完成工作單 5。你可以在大約時間這一欄裡加上「星期」（即一週中在星期幾進行此活動）。請只記下那些發生在典型的一週內但不是每天的活動。

　　如果家長說學生沒有任何額外的例行活動，則詢問家長在典型的一週中他們參與哪些活動，若讓學生參與他們的活動會發生什麼事。如果家長說他們不參與其他的活動，你可詢問他們是否想參與。在詢問他們想參加那些活動時，家長可能會說他們希望有一個晚上能獨自外出，但無人可照料學生。此時，你可能要記下提供撫養人找褓姆的協助。在工作單 5 記下希望參與的活動並在學生的未來活動（見表 3-8）之下的說明欄中記下要考慮這個訊息。

週末活動

　　工作單 6 的目的是用來蒐集通常發生於典型的週末活動之資料。再次的提醒，這些活動可能對學生的家人而言相當重要。雖然這些活動並不是經常發生的，但是家長可能將他們列為高度喜愛的教學活動。表六的目的並不用來決定典型週末的活動時間表，而是收集有關經常發生於典型週末活動的資料。表 3-6 是工作單 6（週末活動）的範例。

　　按照填寫先前表格相同的方式完成工作單 6。如果家長告訴你學生沒有參與任何活動，詢問家庭的其他成員參與的活動，以及若

表 3-5　工作單 5

額外的例行活動表

學生：菲利普

　列出學生一週（週一至週五）的活動，但不是每天例行的活動。

主要環境	次級環境	活動	大約時間	是否適合實齡	學生在活動中的表現	教學優先順序高、中、低	說明
社區	雜貨店	跟祖母去買東西	一週一次或二次	是	他喜歡抓東西。但喜歡上街購物。	中	
社區	鄰居的家	拜訪	一週一次或大約一週一次	是	拜訪住在隔壁的女士（沒小孩）	低	鄰居幫忙將輪椅推上屋前的階梯。
社區	公園	散步	一週一次	是	祖母推菲利普到附近的公園，當祖母編織／閱讀時，他們有時走路或停下來坐著。	高	公園內的遊樂設施與鄰居孩子。祖母認為「新鮮空氣」對菲利普有益。
社區	醫生的辦公室	看醫生	每個月一次	是		低	他喜歡醫生－有棒棒糖吃。

表 3-6　工作單 6

週末活動表

學生：菲利普＿＿＿＿＿＿＿

列出學生週末的例行活動。

主要環境	次級環境	活動	大約時間	是否適合實齡	學生在活動中的表現	教學優先順序高、中、低	說　明
附近的自助洗衣店	洗衣區、等候區	觀看	星期六早上	是	─菲利普喜歡去洗衣店。 ─喜歡看，有時會試著把衣服放進洗衣機。 ─等候時，需要找事做。 ─喜歡喝可樂。	中	能毫無困難地從家裡來回於洗衣店之間。會放衣服進籃子（放在他的輪椅置物盤上。）
教會	主日托兒所	玩耍	9:00 ～ 10:00	否	玩玩具	低	祖母認為他在托兒所無所謂。他認為當他上教堂時，托兒所是臨時照顧他的地方。她很高興托兒所要收他。

學生參與這些活動需具備什麼，也詢問家人想參與什麼活動與學生需有什麼技能才可參加他們的活動。

行為與基本技能資料

工作單 7 至工作單 9 的目的是回答有關學生一般行為的一系列標準問題。尤其是有關：

1. 學生的適當與不適當行為。
2. 行為的結果。
3. 學生喜愛與不喜愛的活動。
4. 學生喜歡與不喜歡的食物。
5. 學生在基本技能方面目前的能力水準，像溝通（表達與接受）、肢體動作、認知、社會與活動表現能力等。
6. 學生目前參與的自然環境。
7. 如果有的話，學生須注意的用藥情況。
8. 如果有的話，學生與兄弟姐妹的互動情形。

表 3-7 是已完成的行為與基本技能資料的表格。

如果你覺得這些問題不適用於你的學生，就略過不問。訪談前，構思適合某一特定學生的問題，並在表格上適當的項目中記下問題與家長的回答。這部分訪談的重點在找出家長對學生的基本行為能力的瞭解，基本行為能力並非針對學生在某項特定活動或環境的表現，而是對可能影響學生跨活動與環境的表現而言。不要因為你知道學生在校的行為，就假設你知道這些資料。就像我們一樣，學生在不同的環境也會有不同的行為表現。

家長／監護人對未來教學活動與環境的優先順序

到此部分為止，你與家長討論的都是以學生目前的環境為主，下一部分將討論學生未來的活動與環境。未來的活動指家長（如果合適的話，與學生討論）在未來的三年內想要學生參與的活動。

表 3-7　工作單 7
行為與基本技能資料表

學生:菲利普_____

____菲利普____（學生名字）喜歡哪些活動？不喜歡哪些活動？他／她
　　　如何讓你知道？

喜歡：玩具百寶箱
　　　到公園散步　　　　　　　　微笑
　　　聽音樂與看錄影帶　　　　　哈哈笑

不喜歡：獨自一人在房間　　　尖叫
　　　　坐在椅子上太久　　　敲頭

____菲利普____（學生名字）喜歡哪些食物？不喜歡哪些食物？他／她
　　　如何讓你知道？

喜歡：任何弄得碎碎糊糊的食物　吃
　　　冰淇淋、布丁　　　　　　微笑

不喜歡：葡萄柚汁 吐出來

____菲利普____（學生名字）喜歡什麼互動方式？不喜歡以哪些方式互
　　　動？他／她如何讓你知道？

喜歡：別人跟他說話　　　　　　　　　　　　微笑
　　　當有人來拜訪時，能加入談話陣容中　發出細微的聲音

表 3-7（續）　工作單 8
行為與基本技能資料表（之二）

描述＿＿菲利普＿＿（學生名字）在下列各方面的表現：

吃東西：一般食物。弄碎、過濾過的。使用普通的湯匙與盤子，祖
　　　　母協助他握住湯匙，將食物送進嘴巴並擦嘴。

溝通（接受）：喜歡有人對他說話；似乎能「聽懂一些」。

溝通（表達）：會試著說：吃、校車、人、喝、尿尿、嗨和拜拜。
　　　　　　　用圖畫板能擴增其溝通能力。

上廁所：未被訓練按時上廁所－晚上包尿布。

肢體活動：會以按鈕控制輪椅快速移動或繞圈子轉；不會移動自己
　　　　　的輪椅。走路是高度優先教學的活動。

行為：總是發出很吵的聲音。
　　　用頭撞擊輪椅的把手，然後哭泣。
　　　用頭撞盤子。

你如何處理此生的不適當行為？
「有時候我不管他，隨他愛做什麼就做什麼。有時候我會給他一個
枕頭讓他捶打。」
「告訴他停止。」
「讓他坐在我身邊。」

表 3-7（續）　工作單 9

行為與基本技能資料表（之三）

關於 ___菲利普___（學生名字）的事情，有哪些我們尚未提到而你及你的家人認為是重要的？

「我妹妹及其家人與菲利普在一起時，很不自在。我想要他在吃東西方面表現得更好。與我妹妹的孩子及孫子互動，如此才能讓大家聚會時有較多樂趣。」

談了一些有關她女兒拋棄菲利普的事：你是否曾有一晚沒帶菲利普，獨自外出過？「沒有，太難找到人照顧他了。」

在最近的未來，妳對菲利普有什麼計劃？

「他會跟著我──我很健康」

她已經跟她兒子談到，當她年老時，「菲利普長大時，照顧他。」

醫療資料：抽筋、小發作

曾使用何種藥物：沒有，但在家時為醫生記錄抽筋發作情形，請在學校也做此記錄。

何時使用：_____

醫生：莎蘭多醫生_____

對何種藥物、食物或東西過敏：_____

_____

其他：_____

_____

（三年的企畫是任意設定的，只是讓家長與教育人員做與未來相關且實際的決定。）在居家、休閒／娛樂、一般的社區與職業活動四領域中找出未來的活動。表 3-8 是已填寫完成的家長／監護人對未來教學活動與環境之優先順序表（工作單 10）。

在此部分的訪談，須要求家長盡可能在每一課程領域裡多找到一些未來的活動與環境。為支持撫養人的期望與決定，你需要對適合實際年齡的活動有創造性的洞察力，且需利用所有可找到的資料來為學生開拓自然環境。利用訪談前完成的（從學生居住環境調查表蒐集來的）資料與你手邊有關當地社區的資料。這些資料可協助家長找出未來的重要活動，因為這些來源提供了一般社區與學生居家附近環境的資料。

你可能會發現有些家長在思考未來的重要活動上遭遇了困難。雖然不提供家長任何建議是最好的，但是在某些情況下是可以的。例如：家長可能對思考有關休閒／娛樂活動感到困難。利用從個別化重要技能模式的社區環境生態調查表（見表 3-3）所蒐集到的資料，你可向家長提出你曾在附近的公園看到一些與這位學生年齡相仿的孩子在遊玩（符合實際年齡的活動與環境）的資訊。你可描述這些孩子們的活動。此時，詢問家長是否想要其子女與其他孩子一起遊玩。若是，建議家長附近的公園即是與其他孩子活動的場所之一。要注意家長對你的建議所做出的語言與非語言的反應。要永遠支持家長所作的決定。（警語：如果你發現許多家長列出的未來活動都是相似的，你可能提供太多建議了。請拋開你的建議，盡力地蒐集家長認為極為重要的未來活動。）

你與撫養人雙方都可能發現很難不討論基本行為而只討論活動（例如：你注重溝通能力而非在附近商店買點心，或你注重動作能力而不是在速食餐廳點菜與用餐。）在為目前只有少數技能的學生找出未來活動時，這種情形可能特別真實。如果學生目前在溝通、動作、社交、認知、或活動表現方面只會少數的技能，在找出未來

的居家、娛樂、一般社區與職業活動時可能會有困難。「你剛才提
到你希望羅伯特能『自己走動得更好』。能不能清楚地告訴我你要
他到哪裡？他要做些什麼呢？」你可詢問類似的問題繼續引導家長
找出活動來。

　　過去，我們一直認為學生必須具備某些行為能力，尤其是基本
技能，才能參與自然環境。如此的想法使我們的學生無法在自然環
境中參與符合實際年齡的活動，而且在過去常導致學生被隔離、孤
立、參與「只有身心障礙者」的環境。因此，不論學生將需要什麼
程度的協助或何種型態的替代／輔助性方案，務必確定我們所注重
的是能使學生自己參與自然環境的未來活動，如此基本技能在設計
教學課程時不會被忽視，個別化重要技能模式的系統化教學過程稍
後會將基本技能直接融合於重要活動中。

　　當你完成此部分的訪談後，你可能發現有些家長在思考其子女
的將來時有極大的困難。家長可能很堅決地說「我們過一天算一
天。我們沒有想到將來的事。」這樣的想法可能根源於許多因素，
由於過去的失望與沮喪經驗，家長可能覺得思考學生的未來很痛
苦。另有一些情況是家長可能害怕未來，因為他們的生活已經有不
少的意外發生了。無論如何，永遠要尊重家長的意願。不要強迫他
們選擇與決定學生的將來。要指出為學生的將來與轉銜作準備的重
要性，這些準備在協助學生參與各種活動與環境時可能是必須的。
要求他們在空閒時思考這方面的問題。為學生將來作計畫可能受家
長的學習過程以及其過渡時期的影響。

　　填寫工作單10（未來活動與環境）時，從虛線上方開始列下每
一個家長或撫養人找出的未來活動。在虛線下方列下每一個活動的
潛在環境。幫助家長在四個課程領域裡的每一個領域底下至少想出
一個活動來。在所有的未來活動與環境都列出後，要求家長指出教
學優先順序（高、中、低）。判定這些活動與環境是否符合實際年
齡。現在或稍後運用你的判斷力與家長討論優先的活動是否符合實

表 3-8　工件單 10

家長／監護人對未來教學活動與環境之優先順序表

學生：菲利普_____　　日期：1989. 2. 4_____

1. 在下列每個領域中（虛線的上方）列出從現在到未來的一、二或三年內你想要你的孩子參與的活動。這些活動要在何處進行？（虛線下方）。訪談者：可使用社區環境生態調查表與學生鄰近環境調查表來協助家長或撫養人列出活動與環境。
2. 列出活動、環境之後，由家長圈出每項活動的優先順序。須確定活動與環境是否適合學生的生理年齡（圈選是或否）。

家庭活動	娛樂／休閒活動	社區活動	職業活動
適合實齡 (是) 否 優先順序：(高) 中 低	適合實齡 (是) 否 優先順序：(高) 中 低	適合實齡 (是) 否 優先順序：(高) 中 低	適合實齡 (是) 否 優先順序：(高) 中 低
自己進食	玩遊戲讓自己有事做（電視遊樂器）	購物－手放下不亂抓東西，保持安靜。	裝釘學校的簡訊
家裡 妹妹的家	家、隔壁的家 妹妹的家、學校	超級市場、雜貨店	家、學校
適合實齡 (是) 否 優先順序：(高) 中 低	適合實齡 (是 否) 優先順序：高 中 低	適合實齡 (是 否) 優先順序：高 中 低	適合實齡 (是 否) 優先順序：高 中 低
協助穿衣與脫衣			
適合實齡 (是) 否 優先順序：高 (中) 低	適合實齡 (是 否) 優先順序：高 中 低	適合實齡 (是 否) 優先順序：高 中 低	適合實齡 (是 否) 優先順序：高 中 低
按時上廁所			

際年齡。

初步摘要／基本技能與各課程領域重要活動之統整

　　工作單 11 的目的是總結家長在訪談當中所提供的資料。由於資料豐富，所以需要總結訪談內容：結論能讓家長回顧他們所作的決定，並綜合他們決定的重要基本技能、活動、技能與環境。此外，稍後你會使用到總結表格以排定重要的教學活動與技能。表 3-9 概述了教師與菲利普家長的訪談範例（工作單 11）。

　　回顧完成的工作單 3 及 4，並在每個適當的領域（居家、職業、娛樂或社區）中列出所有的優先活動以總結訪談內容。正如先前討論的活動一樣，詢問撫養人是否某活動仍是他們高度喜愛的教學活動。如果是，一起找出活動會發生與將會發生的自然環境；找出哪些環境是目前的環境（學生已經有某些程度參與的環境）或未來的環境（學生尚未有任何程度參與的環境）。一旦所有的活動都被記下了，詢問家長每個領域是否有些活動要刪除或增加的。要求家長在每個課程領域中列出四個最優先的活動。如果記下的活動少於四個，讓他們按先後順序列活動。在適當欄位以 1, 2, 3, 4 指出活動的優先順序。在表格的上方，列出重要人員與指定之教學服務人員（Designated Instructional Services staff）所找出的基本技能與每個活動需要的基本技能，並將其填入統整表。在適當的空格內打勾，以指出哪項基本技能是目標活動的要素。不要將非屬於某一項活動的基本技能列出來。

進一步聯絡事項

　　工作單 12 有三個目的：(a)提供你記錄家長在結論或結束訪談時所做的其他重要說明的空間；(b)記下你需要聯絡的其他重要人員的姓名、地址與電話號碼；(c)提供記錄你與家長溝通有關學生的暫時目標與目的之日期、時間與方式的空間（追蹤訪談）。表 3-10 即為

表 3-9　工作單 11
初步摘要／基本技能與各課程領域重要活動之統整

P 一家長
ST 一語言治療師
OT 一職能治療師
PT 一物理治療師
T 一教師
PE 一體育教師
A 一其他工作人員

學生：菲利普
日期：1989. 2. 4

優先教學活動		意見來源	將來 F	現在 P	優先順位	做要求	抓	使用廁所	維持適當的聲響	將手放下，保持安靜	完成工作	移動輪椅			
家	自己進食	P/OT		P	2	✔	✔								
	定時上廁所	P/T		P	1	✔		✔				✔			
庭	擦　臉	T	F		4	✔	✔				✔				
	自己穿衣	T		P	3		✔				✔				
休	玩遊戲讓自己有事做（電視遊樂器）	P/T		P	1	✔	✔		✔	✔					
	休閒中心的遊戲	P/PT	F		2	✔	✔		✔	✔					
閒															
職	清理盤子	P/T	F		1		✔			✔	✔				
業															
社	購買日常用品			P	1	✔			✔	✔	✔	✔			
	洗衣／自助洗衣店			P	2				✔	✔	✔				
區															

表 3-10 工作單 12（訪談之後使用）
進一步聯絡事項摘要表

1. 在結束訪談或做訪談結論時，家長／撫養者增加了其他重要資料。

從沒有一位菲利普以前的教師曾問過他的祖母：她希望菲利普學些什麼。對我們今天的談話表示非常感激。

2. 其他有可能聯絡的重要關係人員：

姓名：約翰・阿爾（偶爾見面）　關係：＿＿＿＿＿＿

是否接受訪談：＿＿＿＿＿＿＿＿＿＿＿＿＿＿＿＿＿＿＿＿

地址：＿＿＿＿＿＿＿＿＿＿＿＿＿＿＿＿＿＿＿＿＿＿＿＿

電話：＿＿＿＿＿＿＿＿＿＿＿＿＿＿

姓名：＿＿＿＿＿＿＿　關係：＿＿＿＿＿＿　是否接受訪問：＿＿＿＿＿＿

地址：＿＿＿＿＿＿＿＿＿＿＿＿＿＿＿＿＿＿＿＿＿＿＿＿

電話：＿＿＿＿＿＿＿＿＿＿＿＿＿＿

3. 下次與家長／撫養人聯絡有關事項的目的：

日期：1989. 2. 14　電話聯絡：＿×＿是＿＿＿否

時間：＿＿＿＿＿＿＿　若非電話聯絡，地點：＿＿＿＿＿＿＿＿＿＿＿＿

附記：（有關下次聯絡事宜）

＿＿＿＿＿＿＿＿＿＿＿＿＿＿＿＿＿＿＿＿＿＿＿＿＿＿＿＿＿＿

＿＿＿＿＿＿＿＿＿＿＿＿＿＿＿＿＿＿＿＿＿＿＿＿＿＿＿＿＿＿

＿＿＿＿＿＿＿＿＿＿＿＿＿＿＿＿＿＿＿＿＿＿＿＿＿＿＿＿＿＿

表 3-11 工作單 13
其他重要人員訪談表

學生： 菲利普

當你訪談家長／撫養人以外的人員可使用本表。做訪談之前必須徵得這些人同意才可進行訪談。

其他重要人員姓名：約翰　　　　　　關係：表兄

年齡 （12歲）

問 題 ／ 要 點	其他重要人員的回答／說明
1. 你希望菲利普能跟你一起做什麼？	喜歡菲利普，但「他會得不多。」「我的朋友和我會去遊樂中心，如果他會玩電玩，他可以跟我們一起去。」
2.你希望菲利普能做什麼？	跟我說話。
3.是否告訴我任何有關你與菲利普之間的事？	「沒有」「他還好啦……有時候有點好笑。」
4.	
5.	
6.	
一般說明／進一步聯絡：	

已填寫完成的工作單 12 之範例。

　　你可能希望在訪談結束時或稍後完成這張表格。如果你希望聯絡其他重要人員，務必經過家長同意才可進行。

❖　進行其他的重要人員訪談

　　其他的重要人員訪談之目的是：藉由每日與學生接觸或對學生的生活（或其家人）有影響力的個人來找出他們認為對學生很重要的活動。雖然這些人可能沒有直接照顧學生，但他們與學生或其家庭的互動影響了家長所做的決定。因此，為改善學生的生活品質與協助撫養人使學生能參與自然環境中符合實際年齡的活動，找出其他重要人員所喜愛的教學活動是必要的。其他重要人員訪談表格是為了讓你能有系統地計畫訪談與在訪談當中記錄受訪者反應的方法而設計的。圖 3-1（工作單 13）是其他重要人員（菲利普的表哥，名叫約翰）的訪談範例。菲利普的祖母指出約翰在假期當中偶爾會來拜訪他們，而且那星期他剛好沒有出城去。通常，這種訪談會以電話來進行。在訪談前要決定你所要的重點與要問的問題。在「問題／要點」欄位底下的空格內記下每一重點與問題。如果訪談當中，你記了其他重點或問題，也把他們記在空格內。在「其他重要人員的回答／說明」欄中，記下訪談當中其他重要人員的相關回答與說明。當需要概述訪談或記錄有關與此人進一步聯絡的事宜時，可使用「一般說明／進一步聯絡」欄。

　　你也許會發現你的學生菲利普與你平日所見一樣，也許不一樣。你的學生可能比你所知的具有更多的技能或正好相反。不管你是以何種方法進行，訪談的方式大都是類似的。要求家長（或撫養人）敘述學生典型的一週活動（非在校的活動）並描述學生的行為、需要的協助、社交技能等等。

　　使用這種訪談方式的教師會發現訪談的結構與格式使得資訊的交換流暢與快速。因為有特定的資料，訪問者會發現談話的內容很容易就繞著主題討論，並且在短時間內即建立了大量的相關資料。當然，如果家長或撫養人在這時候也有其他的需要（傾吐沮喪的心情、避談痛苦的話題或因需要他人的協助以應付事情而哭泣），你應相信自己對如何有效協助或支持家長的判斷，而不是按計畫繼續進行訪談。坊間有許多有關如何與身心障礙兒童的家長溝通的書籍，如果你想瞭解更多有關這方面的資訊，本章末尾所列的書目有許多是很好的入門書籍。

❖　摘要

　　透過訪談重要人員所蒐集的資料提供教學內容的基礎。為協助你進行訪談，共有十三張表格供你使用：二張表格要在訪談前完成，九張表格要在訪談當中完成，一張表格供你訪談後使用，最後一張表格，當你認為其他的重要人員的合作會對你有助益時，可協助你訪問他們。

　　每一張表格都是為了方便再次使用資料而設計的。循序漸進，表格以邏輯思考的方式有次序地排列訪談順序，讓你與家長有信心的進行訪談。從表格所獲知的資料，會協助你設計出強調由重要關係人員（如果適當的話，由學生自己）決定重要技能的個別化教學課程，並且能增進學生參與自然環境中符合實齡的活動。簡言之，藉著完成這些表格你將會為每一個學生找出能使他（或她）更完全參與其獨特生活的必備重要技能。

參考書目

Donellan-Walsh, A., Gossage, L., La Vigna, G., Schyler, A. & Traphagen, J. (1976). *Teaching makes a difference*. Santa Barbara, CA: Santa Barbara County Schools.

Falvey, M. (1986). *Community-based curriculum*. Baltimore: Paul H. Brookes Publishing Co.

Horner, R., Meyer, L. & Fredericks, H. (1986). *Education of learners with severe handicaps*. Baltimore: Paul H. Brookes Publishing Co.

Kroth, R. (1975). *Communicating with parents of exceptional children: Improving parent teacher relationships*. Denver, CO: Love Publishing Co.

Savage, S. (1981). *Student and environmental assessments* (rev. ed.). Sacramento: California State Department of Education.

Savage, S., St. John, H., Goldie, B. & Barry, K. (1980). *Instructional programming for the severely handicapped: A functional skills approach*. Sacramento: California State Department of Education.

Seligman, M. (1979). *Strategies for helping parents of exceptional children*. New York: The Free Press.

第四章

決定重要活動

現在，你應該已經準備好開始進行教學了……，對吧？也許你尚未準備就序。到目前為止，你已經蒐集並發展了每一個學生的資料庫。現在，你必須要分析資料庫才能更有效地決定重要活動。

❖　分析資料

「決定重要活動」即是選擇特定的教學活動。多幾分鐘來排列活動的優先順序，以及選擇最重要的教學活動能讓教師不需浪費幾週，甚至幾個月的時間，教導學生不重要或無用技能，且能使不足的教學時間有效地運用。在決定特定活動之前，要確定你已找出足夠的活動，已經利用了一切的資料來源，並已經系統化地（根據每一個活動的優點來評斷）考慮了每一個被推薦的活動。

你已經找出足夠的活動了嗎？

完成重要人員的訪談將分為兩部分。大多數的訪談可找出許多重要人員高度喜愛的教學活動，這對目前具有多種基本技能的學生而言是非常實在的。但是，相對地有些訪談只能找出少數的活動，這種情況通常是發生在目前具有少數基本能力的學生身上。為終其一生可能都需躺在床上，與目前只具有少數的動作、溝通、社交、認知或表現技能的學生做計畫，經常會面臨難題，期望他參與自然環境似乎不切實際。那麼，保持現狀不是更容易些嗎？

小心別落入某人只會一些技能或活動的思考圈套中。在自然環境裡永遠有許多的活動是某人能參與的，或至少能參與這些活動的一部分。要找出這些活動，我們可能必須從不同於傳統方式的角度來看重度身心障礙者。我們或許也需要以學生的家庭環境來考量，找出能協助學生更完全地參與家庭生活（與能減輕撫養者照顧負擔）的技能。

你已經考慮了所有的資料來源了嗎？

在排列重要人員高度喜愛活動的優先順序與發展一般的教學架構之前，你必須考慮許多資料來源。這些來源包含了下列或其他的來源：

a. 家長（或撫養人）那裡蒐集到的資料（工作單 11）。
b. 從其他重要人員（如果有的話）那裡蒐集來的資料（工作單 13）。
c. 從教師與其他的教育人員那裡蒐集到有關學生的需要、目前的能力水準、學習效率與環境需求的資料。
d. 由基本技能評量結果所蒐集到的資料。

你已經與適當的輔助人員諮商過了嗎？

在決定重要活動過程當中，要加入輔助或支援人員的意見是極為重要的一環。他們在專業領域的資訊與知識對你而言可能是無價之寶。如果支援人員無法加入訪談重要人員，建議他們：

a. 在訪談之前與你碰面，以建議你在訪談當中詢問一些特定問題。
b. 訪談之後，排定與你見面的時間，以再次查看訪談結果，並從他們所受的專業訓練的角度來討論重要活動。

你已經系統化地考量過每一個活動了嗎？

一旦你蒐集了評量的資料，你必須決定教學活動為何？當有許多活動可供選擇時，可能會覺得好像在隨便作決定，但如果你能系統化地考慮每個活動，你就會對正在進行的課程有較佳的看法。回答下列問題將會幫助你根據學生的需求、學生家庭的需求以及學生的學習特質來做決定。

有關被推薦活動的問題：

1. 這個活動學生喜歡嗎？
2. 這個活動能以適合實際年齡的教材及在適宜的環境中進行嗎？
3. 這個活動能減輕撫養者在生活照顧上的負擔嗎？
4. 這個活動會使學生變得較獨立嗎？
5. 這個活動會經常發生在各種不同的環境中嗎？
6. 這個活動非常有可能被應用在將來的生活環境中嗎？
7. 這個活動能擴大學生參與的環境嗎？
8. 這個活動所需要的技能可能需要花許多時間指導嗎？
9. 如果能發展適當的替代／輔助性策略，學生可能參與此活動嗎？
10.這個活動能增加學生與常人互動及參與常人環境的機會嗎？

　　通常，家長與教師都能列出一長串的教學活動。考慮上述的問題，你能以個別化重要技能模式的標準來衡量每個學生的教學需求。例如，有位母親可能決定要她女兒學習綁鞋帶，刷牙與清理桌子。當你以上列的標準來評估每個活動時，因為教學時間與該生的學習特質，你可能會認為學習綁鞋帶的發生率很低。有些家長可能認為學習一些園藝技能，如除草、澆水、把土耙平等，對其八歲大的兒子而言蠻好的。但是，對住在市區公寓的學生而言，這些技能在目前的環境中派不上用場。雖然園藝活動相當符合上列挑選活動的標準，但在此時它也許不是合適的活動。一旦決定好教學活動，就不容易再更動了。因此，在做最好的決定之前，要考慮許多因素的組合。

　　當你檢視資料是否充份並小心地查看每一個被推薦的活動，你已準備妥當要好好利用你所處理的資料了。

❖　決定重要活動

　　決定重要教學活動包含了三個基本步驟：(1)教師排列家長與其他重要人員認為重要的活動。(2)如果有需要，教師可增加教學的目標活動與環境。(3)教師與家長溝通決定的教學活動。

排列重要活動的優先順序

　　通常，你在重要人員訪談表格中會列出許多家長高度喜愛的活動。但是想要教學生所有這些活動可能是不切實際的，你還可能因某些活動得刪掉另一些活動而覺得不自在。為減少這些問題，因而設計了可以依學生與家長都有利的活動來排列教學順序的表格。

　　排列重要活動優先順序的表格（表 4-1）能協助你決定最適宜優先教學的活動。此張表格包含兩部份：十個詢問每一項高度喜愛活動的問題，以及記錄每個問題的答案的格子。在四個課程領域底下，每個領域有足以排列五項活動的空間。

　　每一課程領域裡要列出四個重要活動。在每一欄上頭的適當空格裡列出每一項活動（要確定你所列出的是一項明確的活動；例如：「刷牙」，而不是「整理儀容」）。然後，用下列的計分系統記下每個問題的回答：10 分代表高，5 分代表中，1 分代表低。所有活動都已標出分數後，總計分數並在每一欄最底下的總分欄中列出得分。從得分最高的活動至最低的活動（總分的範圍從 10 至100）依序在每一領域中列出。結果你就能在每一個課程領域中排出重要活動的順序。

　　透過重要活動的每一項標準來衡量活動，你會相當肯定這個標準不是隨意亂設的，而是經由系統化的決定來進行的。此表格除了提供一個排定重要教學活動的優先順序系統之外，也讓你迅速地找

表 4-1　工作單 14
重要活動之教學順序檢核表

學生：　摩根　　　　　　　　日期：　1989. 5. 14

在下列每個領域中寫下四項撫養人選出之最重要活動。在每項問題欄中評分，10（高）5（中）1（低）。

再依總分列出每個領域中每項活動的教學順序。分數愈高，為愈優先考慮之教學活動。

這個活動……	家庭 扣襯衫	家庭 自己進食	家庭 洗頭	家庭 做點心	休閒 電動遊樂器	休閒 保齡球	休閒 游泳	職業 掃地	職業 組合零件	職業	社區 速食店	社區 一般餐廳	社區 教會
1. 學生喜歡嗎？	1	5	1	5	10	1	10	1	1		10	5	1
2. 能以適合實齡的教材指導或在適合實齡的環境中被指導嗎？	10	10	10	10	10	10	10	10	10		10	10	5
3. 能減輕撫養者在生活照顧上的負擔？	10	10	10	10	5	1	10	5	5		10	10	10
4. 會使學生變得較獨立。	10	10	10	10	5	5	10	10	10		10	10	5
5. 會經常發生在各種的環境中？	5	10	1	1	10	1	5	10	5		10	10	1
6. 非常有可能會被應用在將來的生活環境中？	10	10	10	10	5	10	10	10	10		10	10	10
7. 會擴大學生參與的環境？	10	10	10	10	5	10	10	10	10		10	10	10
8. 有可能藉著或不需輔助性策略的協助，在教導一段時間後學會。	5	10	5	5	10	10	10	10	5		10	10	10
9. 增加與常人互動的機會？	1	10	1	1	5	10	10	5	5		10	10	10
10. 增加參與常人環境的機會？	1	10	1	1	10	10	10	5	5		10	10	10
總計：	63	95	59	68	75	68	85	81	66		100	95	62
順位：	3	1	4	2	2	3	1	1	2		1	2	3

出爲何選與爲何不選此活動爲教學活動的參考。一眼望去，你應當
會馬上得知表格中每個問題的得分。因此，你可以向別人証明教學
的順位與決定並非憑空捏造的。

　　每一個課程領域至少需列出兩項重要活動。如果沒有，首先要
重新查看一遍所有填好的重要人員訪談表格，並找出在特定的課程
領域中是否有撫養人或其他重要人員提到過的活動。選出一項重要
人員高度喜愛的教學活動，但不是被排爲四個最優先教學的活動，
如果撫養人沒有提到這樣的活動，則教師應該找出一項活動，與在
某一特定課程領域裡有此一活動的自然環境（這是最後的方法）。
不論學生目前的技能水準是如何，每個學生應該在四個課程領域
中，每一領域裡至少要參與二項重要活動。

必要時增加一些活動

　　第二個步驟是考慮一些可能增列的重要活動。首先，找出是否
有其他的活動可使學生參與更多目前與未來的最少限制環境。其
二，問問你自己：學生是否在目前與可能的未來環境中會比重要人
員與撫養人所描述的更爲獨立。

　　例如，你可能覺得學生可以自己進食，但家長卻一直餵學生吃
東西。你可能覺得另一個學生在三年內可成爲社區內有競爭能力的
工作者，然而，撫養人卻要這學生在庇護性工廠工作。

　　以學生一般的行爲、目前環境或未來環境的可能需求等資料來
選擇增加的活動。但是，你要謹慎地增列教學活動；不要被你自己
的看法說服了，以致忽略了學生的家人所關心的事情，重度身心障
礙兒童家人的需要會與教育人員的觀點不同。如果你沒有看出或尊
重這些差異，你所做的一切，對改善學生與其家長的生活品質，只
有少許的效益。當家長在分享其子女目前與未來的需要時，要仔細
聆聽他們訴說，要試著配合家長的需要以支持與協助他們。你對他
們關心事物的敏銳力，在決定重要活動的最後步驟時，將對你有所

助益。

與家長商議目標活動

　　決定重要教學活動的第三個步驟涉及教師與家長的溝通。要確定你已取得所有活動所需的資料。例如：如果某位母親要她的小孩玩桌上遊戲，你要找出那一個遊戲（例如，「大富翁」，「心臟病」等）。教師與撫養人做完最後的溝通後，也許已做了許多暫時的與教學的決定。在暫時選定的課程領域中可能有至少一項是重要教學活動。教師喜愛的（非重要人員喜愛的）活動與環境可能也被選定了。

　　你應該徹底地與學生的父母溝通任何你想要在活動或環境中看到的改變，否則，家長可能不會提供學生參與活動的機會。而學生學會的技能可能變成另一個對其生活只有少許或毫無影響的功能性技能，意即學生只在學校做，而不在家裡做的事。

　　有一些表格是為協助你記錄、回顧、溝通與協商暫時的重要活動與環境而設計的。表格 4-2 是重要活動與環境檢核表（評量／教學）範例。

　　使用這張表格時，在每一課程領域的第一欄中列出暫時決定的活動，在第二欄中列出每一活動發生的自然環境。然後在第三欄指出此活動是目前（P）或未來（F）的。記住，目前的活動或環境是指學生已經參與的活動或環境；未來的活動或環境是指學生目前尚未參與的活動或環境。最後，在第四欄標出這是重要人員（S‧O）所喜愛的或教師（T）所喜愛的活動。如果此活動是教師所喜愛的，在表格背面附上目的與理由。當你與撫養人溝通與協議暫時的決定時，這個資料的總結將對你非常有用。

　　在建立後續資料時，以電話與撫養人討論資料或訂定訪談事宜。一開始與撫養人在電話溝通或訪談時，要讓撫養人重新記起有關訪談的事與最後結果，並簡短地解釋自從訪談後你已著手進行的

表 4-2　工作單 15
重要活動與環境檢核表（評量／教學）

　　利用從教學順序檢核表（工作單 14）所得之資料，加上教師喜愛的活動列下暫時的主要教學活動與環境。要記下此活動是學生目前或未來能參與、是教師或重要人員喜好的活動。如果是教師喜愛的活動在此表背面寫出理由。與撫養人溝通並討論所有的活動與環境，並記下其建議。

	活　動	環　境	未來（F）現在（P）	教師喜好活動（T）	重要人員喜好活動(S.O.)	撫養人的建議	備　註
家	扣鈕釦／穿衣	家裡、體育館（游泳池區）	P		S.O.	黏扣帶做成的釦子	
	自己進食	速食店、自助餐廳、家裡	P		S.O.		
庭	做點心	家裡	P		S.O.	花生醬與餅乾	
休閒／娛樂	游泳	家裡、遊樂中心	P		S.O.	使用浮板	
	電動遊樂器	電動遊樂場、家裡	P		S.O.		
職	清潔工作／掃地	學校、加油站	P		S.O.		
業	事務員工作／影印	紅十字會辦公室	P	T.			
社	點速食	魔術箱速食店麥當勞速食店	P		S.O.	點「特別」餐（就是三明治、薯條、飲料）	
會	安全地走在街道上	家裡、學校、工作地點附近的街道	P	T		使用一些類似「朋友」制度	

事宜。

　　以重要活動表格解釋每個課程領域中暫時決定的活動與環境，如果活動或環境是教師喜愛的，要解釋目的與理由，並要徵得撫養人對所有決定的評量和教學活動和環境的暫時性同意。你可以問撫養人對暫定活動與環境的其他資料與建議，並詢問這次他們是否有任何要附加或刪減的事項。

　　如果由於彼此意見不同而有某項事情必須協議，則必須公開、誠實與有彈性。尊重撫養人的感覺。如果你在意增進學生參與更多自然與未來環境中的重要活動的問題，通常可達成雙方都滿意的解決方式。當每一活動與環境都被討論過後，在適當的空格內記下撫養人的建議與意見。

　　在這階段之前，你已經訪談了父母以決定他們喜愛的教學活動了；你已經評量過學生的基本技能了；而且你已經評估並按教師與父母的喜好加上其他因素的考量來排定特定活動與環境的優先順序了。使用這個優先順序系統，使選出的教學活動能符合嚴格的標準，而不是由偶然或主觀因素決定出來的。把家長的支持系統化地建立與培養起來，便能使他們成為教育小組中不可或缺的成員。

❖　摘要

　　個別化重要技能模式方法的第一階段是：訪問父母有關他們所喜愛的教學活動。第二階段是：幫助教師透過三個步驟，系統化地排列評量活動與教學活動。

　　第一項步驟：教師排列家長與其他重要人員選出的重要活動之優先順序，家長與其他重要人員以個別化重要技能模式的標準去評估每一個先前被找出的活動與環境以決定重要活動。

　　第二項步驟：如果需要，藉著回顧重要人員訪談與考量學生的

資料、目前環境的需求與可能的未來環境的需求,教師可增加被決定的教學活動與環境。

　　第三項步驟:教師透過與家長討論他們較喜愛的教學活動與選擇這些活動的理由來與家長協議被決定的活動。

　　經由這種系統化的方法,決定需要評量與教學的活動及基本技能。這種方法確保我們所決定要教的內容不是隨便下決定的,而是加入了大量家長的意見與周密嚴謹評量的結果。

　　下一章將討論如何找出學生在教學活動中目前的表現水準。

參考書目

Brown, L., Branston, M. B., Hamre-Nietupski, S., Pumpian, I., Certo, N. & Gruenewald, L., (1979). A strategy for developing chronological age appropriate and functional curricular content for severely handicapped adolescents and young adults, *Journal of Special Education* 13, no.1: 81-90.

Brown, L., Falvey, M., Baumgart, D., Pumpian, I., Schroeder, J. & Gruenewald, L. (1980, February). *Strategies for teaching chronological age appropriate functional skills to adolescent and young adult severely handicapped students*. Madison, WI: University of Wisconsin at Madison and Madison Metropolitan School District.

Brown, L., Nietupski, J. & Hamre-Nietupski, S. (1976). Criterion of ultimate functioning. In M. Thomas (ed.) *Hey, don't forget about me! Education's investment in the severely and profoundly handicapped*. Reston, VA: The Council for Exceptional Children.

Donnellan, A. (1984). The criterion of least dangerous assumption, *Behavioral Disorders, 9:* 141-150.

Ford, A., Johnson, F., Pumpian, I., Stengert, J. Wheeler, J. (Eds.), (1980). *A longitudinal listing of chronological age-appropriate and functional activities for school aged moderately and severely handicapped students*. Madison, WI: Madison Metropolitan School District.

Hamre-Nietupski, S., Branston, M. B., Ford, A., Stoll, A., Sweet, M., Gruenewald, L. & Brown, L. (1978). Curricular strategies for developing longitudinal interactions between severely handicapped and nonhandicapped individuals in school and nonschool environments. In Eds Brown, L., Hamre-Nietupski, S. Lyon, S., Branston, M. B., Falvey, M., & Gruenewald, L. *Curricular strategies for developing longitudinal interactions between severely handicapped students and others and curricular strategies for teaching severely handicapped students to acquire and perform skills in response to naturally-occurring cues and correction procedures*, Madison, WI: Madison Metropolitan School District.

Hamre-Nietupski, S. & Nietupski, J. (1981). Integral involvement of severely handicapped students within regular public schools, *The Journal of The Association for Persons with Severe Handicaps*, 6, 2. 30-39.

Horner, R., Meyer, L. & Fredericks, H. (1986). *Education of learners with severe handicaps*. Baltimore: Paul H. Brookes Publishing Co.

Sailor, W., Wilcox, B. & Brown, L. (1980). *Methods of instruction for severely handicapped students*. Baltimore: University Park Press.

Savage, S, St. John, H., Goldie, B., & Barry, K. (1980). *Instructional programming for the severely handicapped: A functional skills approach*. Sacramento: California State Department of Education.

Snell, M. E., (Ed.) (1983). *Systematic instruction of the moderately and severely handicapped*. (2nd ed.) Columbus, OH: Charles E. Merrill Publishing Co.

第五章

確定學生目前表現水準

使用模擬的環境與人工的教材進行教學是根據這個假設而定的：學生會以此方式將被教導的技能類化到自然環境與教材上。假設學生在類化技能上會有困難較不會產生危險。因此，使用自然環境與自然教材的教學策略比那些使用人為情境的教學策略較不會有危險。

杜乃倫（Donnellan, 1984, p. 144）

這種景象有何錯誤？

十二歲的達德被教導當老師說「看著我」時注視著教師；為減少他重複說話內容，教師配合圖卡讓他學習重要片語（「告訴我……」，「這個男孩在跑步，」「貓跳得好高。」），並且在進行「手放下」的練習時，有老師在場他會停止在自己眼前甩手指。雖然達德在課堂上已熟練這些技能，但是當有人對他說話時他仍然不會注視別人，在家與社區時無法克制自己重複大人問他的問題，在雜貨店、校車上、遊戲場、看電視時或其他靜態的活動時他還是在自己眼前甩手指。

想像你正在發展一項周詳的計畫以教導學生在附近的紅十字會按頁碼順序整理紙張，但是當你將學生帶到自然環境時，卻發現你完全錯估了他（或她）所需的協助。評量學生在目標活動的表現，能讓你避免上述的錯誤。透過提早找出學生是否需要替代／輔助性策略，以及預先找出學生應有何種技能才能在自然的情境下表現此重要活動，你將能配合每位學生獨特的教學需求。個別化重要技能模式第三階段之目的為確定學生在重要活動中目前的表現水準。畢竟，一個無口語溝通技能的學生在速食店點漢堡的教學課程與一個會說話的學生是不同的。

❖　評量基本能力

良好評量之預期結果是獲得所有有關學生學習需求的資料。除了經由訪談重要人員來蒐集家長的意見之外，你也應該評量學生的基本技能。基本技能是達成一個較大行動的動作或一般行為，它共用於多種環境之中或跨多種環境的技能與活動。例如，抓是動作的基本技能（motoric basic skill）。抓的動作共用於許多技能與活動，像用杯子喝東西，開門，拉起褲子等等。基本技能一般分為五個類別（見表 5-1）

- 動作技能－精細動作技能，粗大動作技能與感官動作技能。
- 溝通技能－表達語言與接受語言。
- 認知技能－學科技能、學前技能與做決定的技能。
- 社會技能－適宜的行為、起始與維持與人互動的技能。
- 活動表現技能－達成活動的方式：品質、精確度、速度與持續時間。

表 5-1　基本技能的類別

功　　能	範　　圍	範　　例
動作技能	精細動作 粗大動作 感官動作	抓 走在平坦及凹凸不平的路面 找出物品的位置並拿起它
溝通技能	表達語言 接受語言	使用溝通書 手語
認知技能	學科能力 做決定	閱讀 決定進行某一活動
社會技能	能被他人接受的動作 能被他人接受的儀容	握手並說「你好」 整潔的儀容
活動表現技能	正確度 速度 持續時間	正確地完成一項活動 在可接受的時間內完成某一活動 持續做工作直到活動完成為止

評量基本技能是相當重要的，因爲學生是否具備參與某一活動的基本技能影響他在該活動的表現，同時也影響跨各種環境的其他活動之表現。學生的基本技能若有所改變（期望的適宜行爲之增加與減少）都會改變學生在此活動的表現。例如：如果學生學會抓的技能，則相對會改變學生洗碗、在苗圃工作與穿衣的表現。

過去，基本技能表現不佳的學生，都是在孤立的時段（動作時間、說話時間、移動訓練時間等）被評量與教導的。而在個別化重要技能模式中，這些訓練都被嵌入重要活動之中了。

當學生在多樣的活動與環境之中，和跨各種活動與環境學習基本技能時，他們能在不同的情況下有功能性與統合的反應。例如，

如果表達語言是學生的一項教學需求，則可將它嵌入許多重要活動之中，像是在速食店點午餐，在遊樂中心租借器材與在當地的醫院工作等。許多的教學經驗會增進學生習得並類化語言技能。

　　有些人批評在自然環境中教導重要活動，技能的不足（缺乏基本技能）並沒有被重視，因此，很少或根本沒有教導學生基本技能。但是，事實上，個別化重要技能模式的使用者認為這個模式對基本技能的教導效果更佳。在個別化重要技能模式中，基本技能在相關的情境中被教導。這種方法通常會使得某項技能更具有實用性，而不是減損其作用。例如：教導學生整天注視每個跟他（或她）談話的人（校長秘書、校車司機、服務生、店員、督導等等），而不是教導學生一天中快速地練習「看著我」十五次。在日常生活中相關的情境下教導學生必須的基本技能（如，與跟他或她講話的人做視線接觸），而非在教室中孤立隔離的學習情境中進行教學，在教室中教師只能希望這項技能會被學生類化至其他情境中。

　　此外，輔助人員將會因有機會在自然的環境中教導與評量學生的技能而感到興奮。語言治療師能督導學生在速食店中點飲料，而不是讓他們在教室以圖卡練習句子。物理治療師能和教師共同合作，以提供學生一整天的活動，而不是每週三次監控學生在三十分鐘的粗大動作時間中的表現。職能治療師能在商業辦公室教導他們的學生將名條貼到信封上，而不是在治療室中教他們撿起圓環放到椿子上。

　　起初好似你需要將大部分的教學時間用來教導目前只會少數技能的學生學習基本技能，但是當基本技能的教導嵌入重要活動之中，你就能重新訓練你自己不要從學生能力不足的觀點（如，史蒂文不會搖頭、不會講話、不會自己移動手臂等）去思考事情，但是補救這些不足的能力（習得基本技能）對學生非常重要。當史蒂文學習啓動打開收音機的開關時，他同時學習左右搖頭，並學習使用

擴大溝通系統來表達「是與否」，注視與他說話的人，讓他人幫他餵食與沐浴變得容易些等等。而且在史蒂文學會打開開關、注視說話者等事項之前，不教導他「左右搖頭」，但是在需要這些技能的情境中教導他。所以，個別化重要技能模式並未忽視基本技能，反而經由將基本技能的教學嵌入重要活動中，基本技能的教學更為頻繁且更實用。

對較年幼的學生而言，在相關的環境中強調基本技能的獲得與類化是適宜的。當學生逐漸成長，應該減少強調基本技能的獲得，將重心放在替代／輔助性策略上。如果某位年紀較長的學生因能力不足，而限制其參與活動，我們必須變通活動或環境以補學生缺乏的能力。科技的先進已經大大地增加了個體與環境互動的機會與方法。這個主題我們將在後面的章節中討論。

❖　分析教學活動

為增進教學與確定學生在某項活動目前的表現水準，通常教師會將活動分成許多要素，這個過程就是眾所週知的工作分析（task analysis）。教師與輔助人員已經發展與實施了成千上萬的工作分析以教導學生各項技能。

雖然許多工作分析可能在格式與細節上會有不同，但是一般工作分析的架構卻是相同的。表 5-2 是一張簡單的工作分析。在這個例子中，泡咖啡被分成九個步驟。每個步驟可進一步再被分成許多其他步驟或動作。例如，「將咖啡放進杯子裡」可包含：拿起罐子、打開瓶蓋、拿起湯匙、舀出想要的分量的咖啡等等。寫或使用工作分析的詳細程度並沒有絕對的標準。

工作分析通常是為某項特定活動而進行的。例如：

1.使用校園中的自動販賣機。

2. 在工作場所泡咖啡。

3. 刷牙。

4. 穿上無領運動衫。

表 5-2　沖泡咖啡之工作分析

1. 將水放進茶壺中。

2. 將茶壺放在火爐上。

3. 點燃爐火。

4. 等到水開。

5. 關掉爐火。

6. 將咖啡放進杯中。

7. 將水倒進杯中。

8. 如果需要的話，加放奶精與糖。

9. 飲用咖啡。

　　當我們使用單一的工作分析去評量與教導學生某項特定活動時，我們教導學生表現一連串應該在某項非常特定的情況下才有的反應。教導學生學會單一工作分析的問題是：如果你教導學生在教師休息室使用販賣機購買飲料，則學生可能學會使用只有一組相關刺激特性的機器，例如：

1. 四十五分錢的飲料。

2. 按下想要購買的飲料按鈕。

3. 拉起即能打開的罐蓋。

4. 只販售罐裝飲料或食物的機器。

　　當我們在某些情境下使用傳統的工作分析來教導學生一項活動

時，我們經常會假設（或希望）學生能適當地使用到其他相似的情境中。例如：如果我們教導約翰在學校使用販賣機，他將能使用其他的販賣機；如果我們教雪樂在學校的自助餐廳點菜、付帳與用餐，她將能在百貨公司的自助餐廳點菜、付帳與用餐等等。但是不幸地，由於我們學生的學習特質，我們知道這種類化情形並不常發生。

❖　教導學生參與多樣的環境

「我不知道爲什麼當你開車送約瑟去上班時，他都不記得要扣上安全帶。他在我們的車上都會扣上的。」，或「羅瑞能在學校的廚房做三明治。我不知道爲什麼他在家卻不會做。」，或「當你問喬安娜問題時，她會點頭表示「是」。爲什麼她不會對我如此呢？」這些話你已經聽過幾次了？說這些話的人可不是在顯示他們有高人一等的能力，他們只是在描述一般的情況而已。在我們的學生中，大多數很難將學會的技能類化到不同於教學場所的環境與活動之中。

這些錯誤並不在於活動是怎樣被教導的，工作如何被分析的，或是教學過程，而是在相同的環境與情境下教導學生一項技能，並不能提供學生在不同的情境下表現或變通此技能的足夠資料。某一項特定的技能可能有上百種變化。這些變化包含以下所列之變化一項或一項以上：

環境的變化　　（吉米能在娛樂中心正確地掃地，但是在餐廳卻不能。）

人 的 變 化　　（老師或學校秘書對凱樂打招呼他會回禮，但他不會對任何一位自助餐廳的員工回禮。）

刺激的變化　　（當有人告訴法蘭克「打開真空吸塵器」時，他會打
　　　　　　　　開吸塵器，但是當有人說「吸塵的時間到了」或「請
　　　　　　　　你吸地板的灰塵」時，他卻不會。）

材料的變化　　（吉姆在家時會放錄音帶，家裡的錄音帶必須橫向放
　　　　　　　　入，但他在姊姊家卻不會使用直向放入的錄音機。）

　　這些變化對經由偶然學習而能學會新技能的個體而言可能相當
微妙，但對我們大多數的學生而言，就是這些微妙的細節使他們在
不同的情境中有成功或失敗之別。學生在一個場所學會並熟練的活
動並不一定保證在其他環境也能熟練地應用，技能的熟練應用必須
要系統化地計劃。為了讓我們教給學生的東西能發揮其最大效益，
我們不僅須在必要的正確環境下教導正確的活動，而且我們也必須
在此項活動可能會或將會被運用的各種環境中教導學生此項活動之
變化。

　　這即是訓練重要活動的變化以符合多樣的環境與刺激狀況的要
求。當你基於在真實自然的環境訓練的邏輯考量，或考慮表現此項
活動的所有可能環境以計劃訓練課程時，這些必要條件是特別重要
的。

❖　在自然情境中教導學生所有的技能

　　正如每個學生在活動中有不同的表現，活動的表現方式也同樣
不盡相同。某個學生可能是完全獨立，而另一個學生可能是盡量練
習基本技能並增加參與的程度。就讓我們以湯姆為例吧！湯姆有多
重障礙，如果要他學會教師在訪談其父母時所找出的活動，他將會
面臨許多挑戰。因為很有可能終其一生他一直需要別人給予肢體的
協助，你可能會問你自己「我要如何教湯姆工作，或參與自助餐廳

的活動呢？」，「我該決定哪些技能以進行教學呢？」經由分析自助餐廳工作的例行職務，我們發現透過參與功能性活動，湯姆接受了許多基本能力的有用訓練，當湯姆對許多的自然提示做反應時，他能重覆地練習基本能力。

　　過去，像湯姆這樣的學生通常被安置在人為的環境，使用人為的提示以接受知覺運動的刺激。藉著協助湯姆參與自助餐廳的工作，他不僅接受來自不同的自然來源的刺激，而且他也有機會使用與練習基本技能（例如眼睛凝視、抓不同的東西與對不同的人注視），這些都在日常例行工作中進行。

　　無論我們的目的是促進學生能全部或部分參與活動，分析例行工作與確定目前的表現水準已成為我們檢視許多教學機會的寶貴工具。

❖　教導日常生活中的例行之事

　　如果你輕鬆地靠在椅背上坐並檢查典型的一天生活，你很有可能會發現：你日常的例行之事即是從一系列的活動到另一系列活動的轉換。這些我們參與的活動並不是孤立的事件，而是（某一個活動幾乎是下一個活動的自然提示般地）每一個活動都自然地從某一個活動流向另一個。例如，如果你想要購物，你可能要先列出一張購物單以準備此行，檢查看看你是否有足夠的錢，然後拿你的夾克。在購物時，你會與許多的人互動並且做許多不同的決定與選擇。你一回到家，可能將東西擺好，回想過程並注意任何結帳的細節。在個別化重要技能模式過程中，環繞某一項活動的一系列事件，包含活動本身，被稱作例行之事。

　　將日常例行之事納入教學課程中，讓我們能教導學生那些從一項活動轉換至下一項活動的必備技能，以增加其獨立性。教導日常

例行之事也讓我們充分利用我們的教學時間。在一整天中我們能在
自然發生的情境中教導基本技能許多次。

❖　確定目前的表現水準

到目前為止在個別化重要技能模式的系統化教學過程中，你已
經暫時決定重要活動與確定進行重要活動的自然環境了。確定學生
在每一項重要活動中目前的表現水準，要遵照這三個步驟：

步驟 1-A　在學生進行重要活動的自然環境中分析重要活動。

步驟 1-B　分析日常例行之事。

步驟 2　　如果必要的話，確定可能評量與教導學生的環境。

步驟 3　　在自然環境或教學環境中評量學生，以確定學生在
　　　　　重要活動中目前的表現水準。

步驟 1-A　分析自然環境中的重要活動

為確定你在教學前確實清楚學生在重要活動中所需要的技能，
每項活動必須以非身心障礙者的觀點來分析部分或全部活動發生的
環境。為協助你選擇用來分析活動的環境，請回顧工作單 15：重要
活動與環境檢核表（評量／教學）。此表格列有每項重要活動與發
生活動的自然環境。

如果活動只在一或二個環境中發生，則在所有列出的環境中分
析重要活動。如果活動發生在超過三個環境中，則選擇二至三個你
認為包含最多狀況的環境或情境。例如：由三個家長指出的環境
中，你可能希望選擇街角最小的商店與大型超級市場教導學生購
物，而不是兩家大型超級市場。藉著選擇兩個極大不同的教學環
境，學生能獲得更多潛能以類化習得的技能。

活動分析表（表 5-3）是為協助你找出並記錄刺激的範圍與反

應變化而發展的。在表的最上端（指導範圍），寫上活動與教導此活動的環境。

在第一行，列出用在此活動的一連串一般性技能。一般性技能係指為達到此活動的功能性結果所需技能的基本順序。每一項一般性技能包含跨不同刺激情境的各種技能。例如，使用販賣機的一般技能可能是：

1. 選擇硬幣。
2. 投入硬幣。
3. 啟動機器。
4. 獲得東西。
5. 檢查找回的零錢。

在第二行，列出控制此技能之相關刺激的變化。在此行寫下學生必須看、感覺或聽？以知道何時或如何開始動作的刺激。相關的刺激變化可有一項或一項以上的範圍。例如：當你使用販賣機時，「投入硬幣」的一般技能可能有找出投幣孔與啟動機器的刺激範圍（錢幣是橫向投入或是直向投入的？）。如果一般性技能有超過一種以上的刺激範圍，要分別列出每一個範圍。

在第三行，列出相關技能（或反應）的變化。反應的變化意指為了正確地表現某一項技能而須做出不同的身體活動。例如，「啟動洗衣機」即可能因機種不同而需要的不同反應包括：

1. 按下按鈕。
2. 拉轉盤。
3. 打開開關。
4. 將錢投入投弊孔。

在第四行，若適當的話，確定技能變化的自然標準。

自然標準可能包括次數、時間長度、速度、延遲時間或反應的品質。例如，當你從販賣機上選擇某一項東西時，按按鈕的自然標準是只有一次，取出東西的自然標準是五秒之內，這項資料是根據

表 5-3　工作單 16

活動分析

活動：在自助洗衣店洗衣

指導範圍：老兄洗衣店、翠絲自助洗衣店
（兩家離住處較近的洗衣店：）

一般技能	相關的刺激變化	相關的技能變化	一般標準	例　外
進入洗衣店取零錢	—正確的零錢 紙鈔與硬幣兌換機 值班服務人員	將紙鈔放入兌換機。 將紙鈔交給值班的服務人員。	15秒	
選擇沒人使用的洗衣機	—機器上面的轉盤在停止的位置，沒有衣服。 —指示燈沒亮。	打開蓋子，看看有沒有衣服；如果有，再重覆上述動作。		—沒有空著的機器，等候或離去。 —只能洗有顏色衣服的洗衣機。
放入衣服	—空著的機器。	事先分類衣物，再放入機器。	每台機器最少4分鐘	
啓動機器前的準備動作	—肥皂，事先量好肥皂粉的份量。	打開肥皂粉，倒入機器。	肥皂粉沒有倒在機器上面。	擦掉溢出的肥皂粉。
	—選擇水的溫度（冷）冷水洗衣／冷水洗淨。	—按冷水按鈕。 —將轉盤轉到冷水位置。		
	—關上蓋子。	關上蓋子。		
	—投入錢幣。 位置： —左上方。 —機器右邊。 方向： —直向投幣。 —橫向投幣。 費用： 60 分錢（二個 25 分硬幣，一個 10 分硬幣。）	將錢幣放進錢幣孔，將錢幣桿（譯註：錢幣桿上有幣孔，顧客可將費用排放於上面，再推入機器，按下開關即可啓動機器，此幣桿可拉出或推入）推入機器。		錢幣桿卡住；尋找協助或拿出衣服。

表 5-3（續）　工作單 16
活動分析

活動：<u>在自助洗衣店洗衣</u>
指導範圍：<u>兩家離住處較近的洗衣店：老兄洗衣店、翠絲自助洗衣店</u>

一　般　技　能	相關的刺激變化	相關的技能變化	一般標準	例　　　外
啟動機器	投錢幣。 將錢放入幣孔。 推入錢幣桿。	按啟動鍵。 將錢幣桿拉出。		一機器上的其他按鍵。 一機器壞了；問服務人員或拿出衣服。
等到機器停止運轉	指示器 一紅燈熄了。 一沒有聲音。			
拿出衣服	洗衣籃	將衣服拿到洗衣籃內。	每部機器最多4分鐘	
	推車	找到沒人使用的洗衣車，並將衣服放入車內。		

非身心障礙者的表現而來的，當你在評量與指導學生時自然標準可以協助你。

　　在第五行，找出例外或潛在錯誤。例外造成不常發生的刺激變化；例外可能是販賣機上的「故障」標示，速食餐廳內沒有空桌，或廁所內沒有衛生紙。潛在的錯誤即是可能造成學生難以表現適當技能的相關刺激（例如，在洗衣時分不清楚漂白水與洗衣精的瓶子）。萬一有例外或潛在錯誤發生時，因為能事先想到該例外與潛在錯誤的可能情況，你便能為學生計劃成功完成活動的策略。

步驟 1-B　分析日常生活中的例行之事

　　在每一個重要的教學活動中有許多的學習機會。準備參與活動，轉換到某一個教學環境或從某一個環境轉換至另一環境，活動中的社交與溝通互動的場合，以及例行活動中的選擇都是你會想要利用的有效學習機會。在分析經由訪談家長的過程中所確定的重要活動時，要考慮有關完成例行之事的每一項活動。例行之事的範圍大小和複雜度會依學生的需求與活動所需而有所變化。分析例行之事是有彈性的過程，它提供很大的潛在機會讓你去考慮目前只會少數的動作、溝通與認知能力的學生參與活動的程度。

　　準備個別化重要技能模式的功能性評量時，要先填寫個別化重要技能模式學生評量表格（表5-4）的前兩欄。

　　使用這張表格，首先在第二行列出例行之事的步驟。以詢問「下一個步驟是什麼？」與回答問題的方式，逐項列出活動分析的步驟及活動所提供的其他學習機會。

　　接著，在第一欄列出自然提示，意即能正常提示活動步驟的自然刺激。這是重要的，因為這些自然區別提示必須控制反應。在下列的範例中，湯姆到自助餐廳上工的路上在走廊看見校長（自然提示），他以「看著他並微笑」（向路過的人打招呼）來反應。我們所使用的教學策略必須是：湯姆的注意力不會從校長的自然提示

上被拉走。

　　你要在分析例行之事時與收集評量資料前，在自然發生的時間中多次經歷例行之事，這是相當重要的。如此你才會知道例行之事所有的學習機會並在分析例行之事時做計畫。步驟的範圍與複雜度會依每個學生的需求而決定。

步驟 2　確定評量與教學的環境

● 決定教學環境的因素

　　影響評量與教學是否可在已經被分析的真實環境中進行的因素有許多種，在下列情況下，評量與教學有可能在相同的環境中進行，當：

1. 刺激的情境是獨一無二的，而且在他處無法找到相關的刺激特性。例如，在社區中的某個工作場所訓練某項工作。
2. 刺激情境靠近學校，而且很容易安排經常性的教學機會。例如，學生會去購物的商店離學校夠近，便可提供經常性的學習機會。

　　下列情境，可能使教師無法在相同的環境中進行教學：

1. 學生目前或未來將參與活動的真實情境離學校相當遠，例如：假設重要活動是與鄰居孩子們在附近的公園盪鞦韆和騎旋轉木馬，但是公園離學校有 25 哩遠。
2. 重要活動的環境太大，以致於無法在所有的刺激情境中來進行教學。例如，假設重要活動是在附近的購物中心購物，則教導學生在購物中心的每一家商店購物將會是不切實際的作法。

● 決定教學環境的指標

　　如果有許多環境可供選擇，你可能會發現：評估每個可能的場合所提供的技能範圍與其刺激特性是相當有用的。如果是，你可能希望使用訓練環境檢核表（如表 5-5 所示）。在左邊，列出活動的每一項一般技能。在一般技能底下，往右縮入幾格並列出其刺激特

表 5-4 工作單 17
學生評量

學生：湯姆＿＿＿＿＿ 活動：＿＿＿＿＿＿＿＿ 日期：＿＿＿＿＿

自 然 提 示	活 動 步 驟	起始與使用自然提示的能力	肢體參與情形	社交／溝通技能參與情形	增 進 參 與 活 動 的 方 法
工作人員照片	準備工作				
門	進入自助餐廳				
工作人員向湯姆打招呼	個案跟工作人員打招呼				
將垃圾交給湯姆	抓住垃圾				
將垃圾交給湯姆	重覆動作				
休息結束	休息				
休息結束	開始工作				
將垃圾交給湯姆	重覆動作				
「我們結束了」	離開				
經過的人	向路過的人打招呼				
房間的間	進入房間				

建議：

表 5-5　工作單 18
訓練環境檢核表

學生：＿＿＿＿＿＿＿＿

活動：在餐廳點菜

日期：1986. 5. 24

環　　境

圈選：N＝自然環境　　I＝教學環境

一般技能與刺激特性的範圍	哈維伊漢堡店 Ⓝ/I	艾美鬆餅屋 Ⓝ/I	傑爾家庭式餐廳 Ⓝ/I	貝蒂炸雞店 N/Ⓘ	蘇珊餐廳 N/Ⓘ	N/I	N/I	N/I	N/I
進入									
推門	✔	✔							
拉門			✔	✔	✔				
找桌位(由別人帶位)									
櫃檯		✔							
沒有領檯人員	✔			✔	✔				
領檯人員		✔	✔						
空桌(通常都有)	✔			✔	✔				
沒有空桌(通常必須等候空桌)		✔	✔						
確定想點的菜單									
印在紙上的菜單	✔		✔						
印有圖片的菜單		✔							
寫在櫃檯上方的菜單				✔	✔				
點菜									
服務生詢問點什麼菜	✔	✔	✔						
決定好，再走到櫃檯				✔	✔				
櫃檯人員問點什麼菜			✔						
顧客指出欲點的菜					✔				

性的範圍。在頁首，列出可能的教學環境，並標出「N」（表示自然環境）或「T」（表示教學環境）以註明所列的環境為自然或教學環境。

檢查格子內被列出的訓練環境中可能需要的一般技能。從完成的表格中，你可以選擇二至三個具最大刺激特性範圍的教學環境。如表 5-5，環境 1，2，3 有類似的刺激特性，正如環境 4，5 是相似的一樣。選擇教學環境時，你要從環境 1，2 或 3 中選擇一個環境，再在環境 4 或 5 中選擇一個。

你所用來選擇環境與相似刺激特性的標準會反應出後援（logistical）問題。你可能會問你自己哪一個是最容易到達，哪一個是另一個最近的教學環境，哪一個提供其他的重要活動等等。以學生的需求當做你下決定的首要考量，而後援問題是第二個需要考慮的。

步驟 3　確定學生在決定的重要活動中目前的表現水準

評量應是儘可能產生許多的相關資訊，及協助我們發展有意義的教學課程的過程。在取得學生表現的資料時，考慮許多因素是相當重要的。個別化重要技能模式的評量過程協助我們去思考學生表現重要活動的各種因素。此處所提供的評量表格（表 5-4）是改編自吉（Gee,1989）所發展的表格，此表協助我們去思考學生嘗試表現部分的例行之事的各種因素與增加其參與例行之事的方法。

有時無法表現某項特別的例行之事是因對例行之事的順序不熟悉，而不是學生的能力水準不足。當你讓學生多次參與例行之事使其熟悉步驟，而你可以開始記錄表現的持續性與學生嘗試起始例行之事時，你將會蒐集到更正確的評量資料。

在評量表格的第三欄，記下學生是否對自然提示（在提供任何協助或教學提示之前）產生反應而開始例行的步驟。對具少數技能的學生，近距離觀看學生嘗試開始進行這些步驟（如，眼睛的移

動，肌肉改變的狀態，試著去適應自然提示或所使用的材料）是相當重要的。如果你覺得學生好像試著開始某個步驟，但是因基本動作或溝通技能不足阻礙了學生進行這項步驟，則在第三欄記下這些情形。

　　接著，在第四行記錄學生肢體參與的情形，描述學生在肢體上如何表現此步驟。記下學生不正確的反應可讓你分析任何錯誤的型態，以此可發展改正這些錯誤的教學策略。當學生無法正確地反應時，教學策略可能是使用「增加協助」的方法以提示學生。提供最少的協助給學生，再逐步增加協助直到他能表現此步驟為止。物理與職能治療師的參與會有助於檢查出不正確反應或無反應的根本原因。在第四欄記下每個步驟所需的協助型態與程度和任何有關教學策略的建議。

　　在第五欄記錄此活動所具有的社交與溝通參與的機會，以及在評量當中學生參與此活動的社交與溝通情形。要思考每一個步驟中社會互動的自然方式。語言治療師有助於評量學生參與某個特別情境的溝通能力，並找出參與的方式及增進互動的替代／輔助性策略。

　　最後，考慮學生目前的能力與增加其所參與的例行之事是相當重要的。在某些情況，表現一或二項基本技能是學生參與某項適齡活動唯一的方法。在第六欄，記下如何能增進學生參與的方法。在表格的頁尾，記下任何其他的建議。此時，所有貫學科的小組人員（transdisciplinary team）應審查學生在自然環境中的表現，並以提案來討論增加學生參與的可能性，以及商討教導學生參與日常例行之事所須具備的技能的策略。

　　表5-6所呈現的是一位學生的個別化重要技能模式評量表範例。在回顧珍妮的評量之後，你會很清楚地看到她能獨立且相當快速地在銀行存提款。她能表現許多技能，只有在填寫存款單時需要進一步的指導。當她回教室時，做填寫存款單的工作分析與教導此過程

表 5-6　工作單 17
學生評量

學生：珍妮　　　　　活動：　上銀行　　　　　日期：1988. 12. 14

自 然 提 示	活 動 步 驟	起始與使用自然提示的能力	肢體參與情形	社交／溝通技能參 與 情 形	增 進 參 與活動的方法
1. 結束先前的活動	檢視時間表	無 口 語 提示	取時間表		可試著使用非直接的口語提示
2. 時間表寫：「上銀行」	取錢包與存摺	獨立			
3. 教師指示	練習填存款單	口語提示	在口語提示下完成填存款單	注視教師以尋求協助	助理教師一次教一個步驟
4. 教師指示	前往銀行	獨立	取錢包─將存款單收好	說「可以嗎？」	等她決定離開
5. 到達銀行	進入銀行	獨立	走進	觀看四週以尋找桌子／櫃檯	
6. 櫃檯與存款單	取存款單	獨立	取存款單	說：「幫我忙。」	助理教師上銀行之前先練習第三步驟
7. 存款單	填存款單	口語協助	在口語提示下完成		
8. 排隊	排隊等候	獨立	在隊伍中前進	一直在找代班的櫃檯服務人員	
9. 值班的櫃檯服務人員	接近櫃檯人員	獨立	接近櫃檯服務人員	說：「你好。」	
10. 櫃檯人員向珍妮打招呼	說明要辦理存款	口語協助	給錢與存款單	看起來很迷惑。沒有說話	教導口語反應
11. 櫃檯人員問：「要存在什麼類別？」	說出欲存款的類別	口語協助			助理教師（看上面的第三步驟）
12.「謝謝您」	離開	獨立	離開	說：「再見！」	
13. 教師指示	詢問活動進行情況	口語協助	需協助才能完成在存款單上寫名字		
	在教室重覆練習第三步驟				

建議：珍妮非常善於交際，而且明白她什麼時候不知道或需要協助。我
　　　的建議是將填存、提款的步驟做成工作分析，讓她每次能獨立完
　　　成填寫存款單的某個步驟，而不是一次就嘗試教她填整張單子。
　　　她也需要學習看時間表，以指示她從某活動轉至下一項活動。

將是適當的。

❖　摘要

　　個別化重要技能模式過程的第三階段由三個步驟組成，以確定學生在重要活動中目前的表現水準：1）在活動發生的自然環境中分析重要活動；2）如果必要的話，確定評量與指導學生的教學環境；3）在自然與教學環境評量學生，以找出學生在重要活動中目前的表現水準。除此之外，學生基本能力的表現要嵌入重要活動的評量中。

　　類化（在類似但不是完全相同的場所表現已習得的技能）對身心障礙的學習者而言通常是困難的。教師必須系統化地計畫類化，否則將冒著浪費教學時間與精力在只能運用在特定情境的技能之風險。為增進類化，教師必須確定重要活動相關刺激特性的範圍，確定每一項活動的相關重要技能變化的範圍，確定教學環境中具有技能的相關刺激與反應的變化，以將技能類化至訓練環境以外的環境。

參考書目

Billingsley, F. & Romero, L. (1983). Response prompting and the transfer of stimulus control: Methods, research, and a conceptual framework. *The Journal of The Association for Persons with Severe Handicaps*, 8, 2: 3-12.

Brown, L. Branston, M. B. Hamre-Nietupski, S., Pumpian, I., Certo, N. & Gruenewald, L. (1979) A strategy for developing chronological age appropriate and functional curricular content for severely handicapped adolescents and young adults, *Journal of Special Education* 13, 1: 81-90.

Brown, L., Nietupski, J. & Hamre Nietupski, S. (1976) Criterion of ultimate functioning. In M. Thomas (Eds.). *Hey, don't forget about me! Education's investment in the severely and profoundly handicapped*. Reston, VA: The Council for Exceptional Children.

Donnellan, A., (1984). The Criterion of Least Dangerous Assumption, *Behavioral Disorders*, 9: 141-150.

Donnellan-Walsh, A., Gossage, L., La Vigna, G., Schyler, A. & Traphagen, J. (1976) *Teaching Makes A Difference*. Santa Barbara, CA: Santa Barbara County Schools.

Falvey, M., Ferrara-Parrish, P., Johnson, F., Pumpian, I., Schroeder, J. & Brown, L. (1979) Curricular strategies for generating comprehensive, longitudinal and chronological age appropriate functional individual vocational plans for severely handicapped adolescents and young adults." In Brown, L., Falvey, M., Baumgart, I., Pumpian, I., Schroeder, J & Gruenewald, L. (Eds.). *Strategies for teaching chronological age appropriate functional skills to adolescent and young adult severely handicapped students*. Madison, WI: Madison Metropoliton School District.

Horner, R., Meyer, L. & Fredericks, H. (1986). *Education of learners with severe handicaps*. Baltimore: Paul H. Brookes Publishing Co.

Horner, R., Sprague J. & Wilcox B. (1982). General case programming for community activities. In Wilcox, B. & Bellamy, G. T. (Eds.). *Design of high school programs for severely handicapped students*. Baltimore: Paul N. Brookes Publishing Co.

Rusch, F. R. & Mittaugh, D. E. (1980). *Vocational training for mentally retarded adults: A behavior analytic approach*. Champaign, IL: Research Press.

Sailor, W., Wilcox, B. & Brown, L. (1980). *Methods of instruction for severely handicapped students*. Baltimore: University Park Press.

Savage, S., St. John, H., Goldie, B. & Barry, K. (1980). *Instructional programming for the severely handicapped: A functional skills approach*. Sacramento: California State Department of Education.

Snell, M. E., (Ed.) (1983). *Systematic instruction of the moderately and severely handicapped*. (2nd ed.) Columbus, OH: Charles E. Merrill Publishing Co.

Sulzer-Azaroff, B., Mayer, R. G. (1977). *Applying behavior analysis procedures with children and youth*. New York: Holt, Rinehart and Winston.

Wehman, P., Bates, P. & Renzaglia, A. (1980). Characteristics of an appropriate education for severely and profoundly handicapped individuals. In Wehman, P. & Hill, J. (Eds.). *Instructional programming for severely handicapped youth: A community integration approach*. Richmond, VA: School of Education, Virginia Commonwealth University.

Wehman, P. & Hill, J. (1980). Preparing severely and profoundly handicapped youth to enter less restrictive environments. In P. Wehman & J. Hill, (Eds.). *Instructional programming for severely handicapped youth: A community integration approach*. Richmond, VA: School of Education, Virginia Commonwealth University.

Wilcox, B. (1982, July). Forum: Mastering pre-
requisite skills: The 'readiness' logic. *The
Journal of The Association for Persons with Severe
Handicaps Newsletter*, 8(7).

Wilcox, B. & Bellamy, G. T. (1982). *Design of high
school programs for severely handicapped stu-
dents*. Baltimore: Paul H. Brookes Publishing
Co.

第六章 ▬▬▬▬▬▬▬▬▬▬▬▬▬
發展參與重要活動的替代／輔助性策略

電腦科技在溝通上的有效運用－幾乎人類使
用於溝通上的知覺能力，都能利用電腦科技
加以擴增。因為對許多有感官失能的重度身
心障礙者而言，電腦科技扮演相當重要的角
色，它使他們得以進入非身心障礙者的世
界。使用電腦科技以增進視覺、聽覺以及觸
覺的輸入與輸出至今已有相當大的成效了。

霍夫梅斯特爾與富萊得門
(Hofmeister and Friedman, 1986,p.357）

　　卡樂無法靈巧地打開收音機、電視機或錄音機。她也缺乏必備的溝通技能以請求他人幫她打開這些東西。雖然她喜歡聽音樂和看電視，她卻要靠別人理解她的意圖才能聽音樂或開電視。但是，由於有相當簡單的開關設備裝置在她頭部的一側，以啓動卡樂家中的任何一項電子設施，她能打開她的收音機、電視機、電燈、電扇，以及使用一項能讓她詢問與回答別人問題的電子溝通系統，卡樂因此能迅速地加入先前無法參與的活動。在她能參與某些喜愛的休閒活動之前，她不需花無數的時間去爲改進其精細動作而感到挫折。

　　以往，一般人都相信如果學生沒有具備參與某項活動的重要技能，在他們能參與該項活動之前，必須要教導他們這些技能。這個信念嚴重地限制了學生所經歷事物之質與量。然而，近幾年來，許多教育人士與其他專業人員瞭解了替代／輔助性策略（adaptations）可使學生更完全地參與生活。個別化重要技能模式第四階段的目的在於發展、實行與評估參與重要活動的替代／輔助性策略。

　　個別化重要技能模式支持這樣的理念：我們不該限制我們的學生參與自然環境，只因爲他們無法學會完成某項活動的必備技能。替代／輔助性策略應該是爲了讓學生能更完全地參與活動而設計的。當學生的年齡越大但仍未能表現基本的技能時，替代／輔助性策略就變得更爲重要了。

　　什麼是替代／輔助性策略？意即任何能讓個體更完全地參與自然環境的活動之替代性策略、材料或發明。替代／輔助性策略可爲了補足學生基本技能的不足而設計，也可以被發展爲學生目前參與某一活動的替代性方法或重度身心障礙者的獨特技能。

活動的替代／輔助性策略

　　活動的替代／輔助性策略讓學生經由使用替代性的材料與策略，能在某特定環境中表現某一活動或一系列的活動。活動的替代／輔助性策略包括：

　　改變物理環境：例如，為輪椅而設的斜坡道、矮桌、矮櫃台、矮洗手台等；可容納輪椅活動的空間、走廊與廁所的扶手、可讓輪椅進出的活動門或寬門。

　　改變規則：例如，將棒球場的壘包距離拉近、更動遊戲的時間限制、或使用轉盤而不用骰子來玩遊戲。

　　改變活動的順序或改變傳統上表現此活動的方式：只煮能以微波爐烹調的食物、上餐館前先決定要吃什麼，或是家人上餐館前讓身心障礙者先進食，當家中的其他成員在餐廳用餐時，他則飲用飲料。

　　雖然活動的替代／輔助性策略讓身心障礙者在某一特定環境能有較大的參與機會，但是，他們在兩方面受到限制：(1)活動的替代／輔助性策略可能影響他人（如，改變遊戲規則），而且他們不能必然地被類化到許多的活動或環境之中。(2)改變物理環境會限制某人只能參與被改變過的環境。改變規則只能運用在參與某項正在進行的特定遊戲或運動上。改變活動順序或傳統的做法所增進的參與機會僅是該項活動而已。這些替代／輔助性策略沒有任何一個能在其他環境協助身心障礙者，除了那些特定的目標環境之外。

技能的替代／輔助性策略

　　技能的替代／輔助性策略，意即能讓學生表現參與某項特定活動或多樣活動的必備技能之替代性教材與策略。例如，提供學生「尺寸篩選具」（每個工具上各有不同尺寸的洞，搖動工具本身，東西即可按其大小分類）以協助其分出不同大小的燈泡。或是當其他的人表現其他部份的活動時，讓某人只表現某部份的活動（金恩將要清洗之衣物分類，而羅賓則清洗它們）。協助某人進食，或提

供圖片、符號讓工作者知道何時休息。

　　當你要決定技能的替代／輔助性策略，回顧個案的活動分析特別有用。技能的替代／輔助性策略必須是為了因刺激特性的要求範圍（如，在六家不同的洗衣店做選擇）或是因對反應的變化（如，投適當的錢幣進販賣機）而遭遇（或可能遭遇）困難的學生所發展的。

配合學生所需而改變刺激與反應要求

　　「刺激要求」（stimulus demands）是產生反應的自然刺激特性。如果刺激太模糊，太一般性，或太難瞭解，則學生將需要被修改過的刺激需求。

　　「反應要求」（Response demands）是表現某一活動所必須的反應變化。如果反應要求太複雜或太難表現，反應的方式必須要被修改，但是仍然有活動的結果。刺激與反應要求可以許多方法來改變，茲列舉如下：

　　採用新材料或配合學生所需而改變材料：如果刺激包括材料，（如果可能）則改變正常使用的材料，或是在材料上添加資料以協助個案表現此技能。例如，特殊的把手或湯匙，用腳控制開關的電動果汁機（比普通的開關容易使用），在一隻鞋內點上小點（以分辨鞋子的左右腳），以及事先量好的洗髮精份量。

　　如果反應需要使用材料，則改變正常使用的材料，或是發展其他能使個案學會困難技能的材料。例如，以黏扣帶（俗稱魔鬼粘）替代鈕扣扣褲子，用馬克杯替代玻璃杯喝水，以海棉手套替代抹布擦桌子，用軟海綿飛鏢替代一般飛鏢，以電動螺絲起子來替代手動螺絲起子等。

　　增加刺激的資料：如果學生無法分辨哪項刺激是相關的，則增加資料到自然刺激上。例如，你可以增加一架尺寸篩選具，以協助

學生分出不同尺寸的螺帽與螺絲釘，你可用真實的食品標籤照片簿
來列出購物單，或者以標出「休息」與「午餐」時間的鐘的圖畫來
指示何時進行此兩項活動。

　　改變技能（反應）要求：如果學生在某一項或更多的技能（反
應）上有困難，則改變技能的要求。例如，使用溝通書在餐廳點
菜，讓同事幫忙抬器具，以「物品的價格再加一元」的策略購物，
使用可放入口袋的小型計算機來記遊戲的分數，以及請求速食店的
櫃台人員將餐盤放到桌上等。

　　如此的改變即是技能的替代／輔助性策略。雖然他們發生在特
定的情境，但是技能的替代／輔助性策略通常是比活動的替代／輔
助性策略更不受限制，因為對他人與環境的影響不若活動的替代／
輔助性策略來得大。技能的替代／輔助性策略可類化到許多活動。
例如，金錢的處理與溝通策略可以被使用在許多情境之中。

❖　選擇替代／輔助性策略的標準

　　要決定合適的替代／輔助性策略，你應該考慮下列問題：
- 此替代／輔助性策略是否能讓學生不費力地參與重要活動？
- 此替代／輔助性策略是否運用了學生目前基本技能上的長處，而
  且彌補了學生在這些方面的少數技能？
- 此替代／輔助性策略能讓個案在表現此活動時儘可能獨立嗎？
  （需要他人協助的替代／輔助性策略比不需要他人協助的替代／
  輔助性策略更受限制，要選擇最少限制的替代／輔助性策略。）
- 此替代／輔助性策略是否被重要人員所接受與支持？（在職業領
  域可能是例外，大部分的替代／輔助性策略都必須為家長與其他
  的重要人員所支持與實行，因此與重要人員之間的協調很重

要。）

- 是否使用替代／輔助性策略比正常的方式更容易？（如果使用替代／輔助性策略需要花費的心力比原來的活動或技能更多或相等，則不應選擇它。）
- 此替代／輔助性策略是否能儘可能不引人注目？（要記住別人如何看待學生使用此替代／輔助性策略。替代／輔助性策略應讓個案保有他們的尊嚴與其人格完整性。）
- 此替代／輔助性策略是否可用在許多的活動中？（替代／輔助性策略的優先考慮條件必須是增進參與環境的機會。）
- 此替代／輔助性策略是否容易維修？（如果替代／輔助性策略需要高程度的維護，很可能此器材不會被維護得很好。要以合乎教師與重要人員實際的維護需求來選擇替代／輔助性策略。）
- 發展與維護替代／輔助性策略的費用是否合理地加在預期的效益上？如果合理，誰來付費用？（如果需要的話，與學校職員、重要人員、雇主以及其他人協商替代／輔助性策略最初的費用與維護責任。別忘了許多替代／輔助性策略能節省全部或部分人的費用。）

❖　何時發展、使用與評估替代／輔助性策略

　　選擇與發展某一替代／輔助性策略可以在個別化重要技能模式過程中的不同時間來進行：

1. 於確定學生在重要活動的技能水準之前。

　　如果你事先知道某位學生因為能力不足（例如，溝通能力）而難於參與某個活動，此時可在評量正式進行前發展替代／輔助性策略。

2. 於確定學生在重要活動的表現水準當中。

當你在評量學生時，（如果你瞭解替代／輔助性策略將增進學生參與活動的程度）如果可能的話，你可在評量時發展替代／輔助性策略。

3. 於確定學生在重要活動的技能水準之後。

一旦評量了學生的能力後，你可能瞭解必須發展替代／輔助性策略以協助學生能更完全地參與此活動。在這種情況之下，可以在評量學生技能之後發展替代／輔助性策略，但要在進行教學課程之前。

4. 於進行為教導目標活動的重要技能而設計的課程當中。

經常在教學課程已經設計好了，並且被實行了之後，很顯然地你需要替代／輔助性策略以使學生成功地完成工作。在此情況下，可在教學課程實行當中發展替代／輔助性策略。

　　不論是發展替代／輔助性策略或教導特定技能都要依據學生的生理年齡來設計。學生年齡越輕，越需強調基本技能的指導，並減少在替代／輔助性策略上的指導。對於較年長的學生，應該減少強調基本技能，而將重心放在替代／輔助性策略以增進他在自然環境參與重要活動。

❖　發展參與重要活動的替代／輔助性策略

　　下列是完成第四階段的個別化重要技能模式系統化過程的指導摘要。首先，研究已完成的活動分析與例行評量（從第三階段），找出活動要求（刺激與反應）與學生在基本技能目前的表現水準之間的顯著差異。

　　當然，對此程序而言，有許多例外。對某些年齡較長的學生而言，你可能想要不需透過活動分析來設計替代性方案（輔助器具）以補足基本技能的不足。例如，假設你有一個十八歲無口語表達能

力的學生，你幾乎不需確定學生在速食餐廳點午餐（重要活動）的表現。此時，你可以依你的直覺來找出替代／輔助性策略以彌補技能不足。例如，一本列有全部菜單項目的圖畫書。

　　接著，如果你確定學生表現與活動要求之間的差異，問問你自己下列問題：此活動或技能之替代／輔助性策略是否能讓學生更完全地參與？爲找出更多的構想，要再重新檢查活動分析。然後與同事和重要人員進行腦力激盪以找出表現此活動或技能的變通方法。你在此時的目標是列出一大堆技能的可能表現方式。

　　替代／輔助性策略包括下列（但不僅限於此）：

1. 活動替代／輔助性策略
   a. 改變物理環境。
   b. 改變規則。
   c. 改變一系列活動的順序或活動的表現方式。
2. 技能替代／輔助性策略（刺激與反應要求）
   a. 改變材料或採用新材料。
   b. 增加刺激特性的資訊。
   c. 改變技能需求。

　　從上面所列之替代/輔助性策略的清單，透過回答本章先前所討論的問題（選擇標準）來選擇最適宜的替代性方案（輔助器具）。一旦適宜的替代性方案（輔助器具）選好了，你要發展或由他人來發展替代性方案（輔助器具），並將它用在學生身上。

　　最後，透過一再地評量學生在重要目標活動中的表現，你可以檢查出替代性方案（輔助器具）的效用。（正如先前所提，在某些情況下你需要評量學生第一次的表現）。你應該確定是否替代性方案（輔助器具）需要修正，或者是否需要其他的替代性方案（輔助器具）。在追蹤過程中，你應該使用和先前你在選擇、實行與評估修正或其他替代性方案(輔助器具)時相同的準則。

　　一般而言，最重要的問題是：學生使用替代性方案(輔助器具)是否比不使用替代性方案(輔助器具)能更完全地參與？

❖　科技的進展

　　輔助器具的複雜性真的是毫無限制可言。因著現今的科技，無法說話的人們能按按鈕以語音合成器為他們代言。從簡單的照片到令人驚訝的複雜符號與圖表，有無數的溝通系統。正如肢體的輔助器具可從簡單的到複雜的，從湯匙的握把到一系列能讓個案以最輕微的手部、頭部或身體動作來啟動設施的電動開關。發展輔助器材可能受發展者的想像力所限制。事實上，許多輔助器具都是易於製做與使用的。

電子控制器

　　電子控制器是為控制或操作以電力（電插頭的）（交流電）或電池（直流電）來啟動設施的電子或機械的系統。電子控制器可為任何一位有肢體限制，無法以手動方式來啟動設備的人而設計。如果個案能透過原先的設計來操作設備，則必須避免使用控制器。

　　當你決定使用控制器時，問問你自己下列這些問題：
- 此活動是否是個案、父母或監護人認為重要的？
- 是否控制器會被個案在自然環境中使用？
- 是否使用控制器會讓個案更完全地參與重要活動？

　　在塔瑞許（Taresh）與麥金塔（McIntosh）的電子控制器之輔助器具中，提到四種型態的控制器。傾斜開關可以輕微的頭部或手部的傾斜移動來啟動，可連接在像打網球者所戴之頭帶或護腕上。枕頭開關可以擠壓或按泡棉墊來啟動，而且尺寸可以大如放在膝上的托盤，小如粉盒般。啟動開關所需的壓力範圍可從最輕微的到最

重的，依個案的肢體特性而定。實用的腳踏開關是以往下踩開關來啓動，所需的只是身體任何一部分的粗大動作能力去操做它。動力開關（開／關）是以壓力控制盤產生連續電力接觸來啓動設備的，要關掉控制器則重複相同的身體動作。

選擇控制器

　　要確定使用哪一種控制器與學生如何啓動它，要從父母、職能治療師、物理治療師以及任何合格的人員處獲取資料。當你選擇身體某些部位以啓動控制器（輔助器具），下列幾點是須考慮的：

1. 活動的範圍。
2. 力量。
3. 行動的準確性。
4. 行動的控制。

當你找出適合的位置啓動控制器時，要考慮下列幾點：

1. 舒適。
2. 放鬆。
3. 對稱的姿勢。
4. 主動的行動、被控制的行動。
5. 在自然環境的可用性。

　　經由控制器的使用，在控制動作上受到極度限制的個體，已經被教會操作收音機、電視機、果汁機、電動玩具、電子溝通板、可通知在另一房間的人來協助的鈴、電腦等等。假如正確的替代性方案（輔助器具）被發展出來，幾乎任何一個電力或電池控制的東西都能讓個案以最輕微的動作來操作。

❖　摘要

　　替代／輔助性策略意即讓個案更完全地參與自然環境活動之替代性的策略、材料或發明。替代／輔助性策略可為彌補學生基本技能的不足而發展，或可發展為表現活動的替代性方式，或重度身心障礙者的獨特技能。可能發展替代／輔助性策略的方法包括（但不限制於這些）：(1)活動的替代／輔助性策略（改變物理環境、改變規則、改變一系列活動的順序或活動的傳統表現方式）；與(2)技能的替代／輔助性策略（採用新材料／改變材料、增加刺激特性的資訊或改變技能的要求）。當個案的年齡漸增，發展替代／輔助性策略以參與自然環境中的重要活動之需要亦相對地增加。

　　對肢體控制受限制的學生，可以發展控制器。控制器為電子或機械發明，專為控制以電力（交流電）或電池（直流電）操作的設備。有四種控制器：傾斜開關、枕頭開關、腳踏開關以及動力開關。發展任何替代／輔助性策略應以協助學生更完全地參與自然環境中的重要活動為目標。如果學生能不須替代／輔助性策略即可獨立地參與活動，則不應使用替代／輔助性策略。本章提供有用的替代／輔助性策略的選擇標準。

　　在接下來的章節中，我們會看到我們為學生所蒐集的資料將如何被運用以發展年度與教學目標。

參考書目

Baumgart, D., Brown, L., Pumpian, I., Nisbet, J., Ford, A., Sweet, M., Messina, R. & Schroeder, J. (1982). Principal of partial participation and individualized adaptations in educational programs for severely handicapped students. *Journal of the Association for the Severely Handicapped. 7*, 17-27.

Bellamy, T., Horner, R. & Inman, D. (1979). *Vocational habilitation of severely retarded adults.* Baltimore: University Park Press.

Donnellan, A. (1984). The Criterion of Least Dangerous Assumption, *Behavioral Disorders, 9:* 141-150.

Gold, M. (1980). An adaptive behavior philosophy: Who needs it? In Marc Gold: *Did I say that?* (pp. 105-110). Champaign, IL., Research Press Company.

Hamre-Nietupski, S., Branston, M B., Ford, A., Stoll, A., Sweet, M., Gruenewald, L. & Brown, L. (1978). Curricular strategies for developing longitudinal interactions between severely handicapped and nonhandicapped individuals in school and nonschool environments. In Brown, L., Hamre-Nietupski, S., Lyon, S., Branston, M. B., Falvey, M. & Gruenewald, (Eds.). *Curricular strategies for developing longitudinal interactions between severely handicapped students and others and curricular strategies for teaching severely handicapped students to acquire and perform skills in response to naturally-occuring cues and correction procedures,* Madison, WI: Madison Metropolitan School District.

Hofmeister, A., S. Friedman. (1986). The application of technology to the education of persons with severe handicaps. In R. Horner, R., Meyer, L. & Fredericks, H. (Eds.). *Education of learners with severe handicaps,* Baltimore: Paul H. Brookes Publishing Co.

Horner, R., Meyer, L. Fredericks, H. (1986). *Education of learners with severe handicaps.* Baltimore: Paul H. Brookes Publishing Co.

McDonnell, J., Wilcox, B., Eberhard, J., Knobbe, C., Shelton, R. & Verdi, M. (1983). *A catalog of alternative performance systems for high school students with severe handicaps.* Eugene, OR: Center in Human Development, University of Oregon.

Sailor, W., Wilcox, B. & Brown, L. (1980). *Methods of instruction for severely handicapped students.* Baltimore: University Park Press.

Taresh, D. & McIntosh, D. (1983). *Developing electrical control devices.* Sacramento: Training and Resource Group, Special Education Resource Network.

Wehman, P. & Hill, J. (1980). Preparing severely and profoundly handicapped youth to enter less restrictive environments. In Wehman, P. & Hill, J. (Eds.). *Instructional programming for severely handicapped youth: A community integration approach.* Richmond, VA: School of Education, Virginia Commonwealth University.

第七章 ━━━━━━━━━━━━━━━━

發展年度與教學目標

我們只是剛剛開始去瞭解有意義的個別化真
正傳承的意義。它遠超過只是簡單地為每個
孩子列出不同的目標,它牽涉了個體獨特的
需要與個體生活世界的共同需求兩者之間微
妙的平衡……因為個別化的課程有賴於謹慎
地評量個人的能力與需求,並且要注重修正
評量方法以更佳地反應出重度身心障礙學生
的能力。

懷特(White, 1980, p. 47)

❖ 目標、個別化教育方案與個別化重要技能模式

　　個別化教育方案（IEP）於一九七〇年代的中期開始實施之前，許多家長無法評判他們的希望與教師的目標是否能緊密地結合，而教師亦面臨相同的問題。但在一九七五年，94-142 公法命令規畫個別化教育方案，以便將系統化教學過程所需的組織與責任正式納入法案中。

　　根據法律，每一個別化教育方案必須包括下列要素：

- 學生目前教育表現水準之文件。
- 年度目標或學年結束前預期的成就。
- 短期目標（以教學術語敘述），即引導學生熟練年度目標的中間階段。
- 將會提供給此生之特定的特殊教育與相關服務之文件。
- 該生參與一般教育課程的時間長度。
- 計畫開始服務的日期與服務年限。
- 確定學生熟練短期目標的評估程序與時間表，至少一年一次。

　　很多時候，教師把個別化教育方案視為一年一度製造「更多需填寫的表格」的頭痛事件，而不是將個別化教育方案視為與學生家長、輔助工作人員、行政人員共同為學生計畫年度目標與短期目標的機會。但是，大部分的教師卻是準備好要看看所有教育小組的成員都支持的目標之效益。

　　如果你遵循個別化重要技能模式系統化教學過程，則你在發展、實施與評估個別化教育方案時，無需再做額外的工作，個別化重要技能模式與個別化教育方案補足彼此所需（圖 7-1）。個別化重要技能模式第五階段的目的為回顧在學生與環境評量階段中所有蒐集到的資料，並發展符合學生獨特需求的個別化教育方案，以使

學生能更完全地參與最少限制的居家、職業與社區環境中適合其生
理年齡的活動。

傳統的（平行的）目標（Traditional〔Parallel〕Objectives）

　　傳統上，寫教育目標是要說出學生的需求，但是需求與目標最
好彼此之間有平行的關係。換句話說，其目的相同，但是各以獨立
的型態出現。傳統的教育目標想要將學生推往更獨立程度（或是進
到下一發展階段）。此意圖值得讚賞，但是它們往往無法以統合的
方式符合學生需求。

　　表 7-1 所呈現的即是個別化教育方案與平行目標。當平行目標
被規畫好時，每個負責提供學生教育課程者要完成一項評量並發展
在某一個學科的教學目標。其目標是為增進學生在每一方面的獨立
程度而寫，但並沒有企圖協助學生達成無法分割的生活計畫之各項
目標。使用這種格式的教師可將每個目標當作單獨的技能來撰寫其
目標並進行教學，而這樣的格式對學生的需求只有少數或全無影
響。這種撰寫目標的方式認為當學生參與多樣環境的活動時，學生
將能在適當的時機做出正確的反應。不幸的是，這種情況非常少。

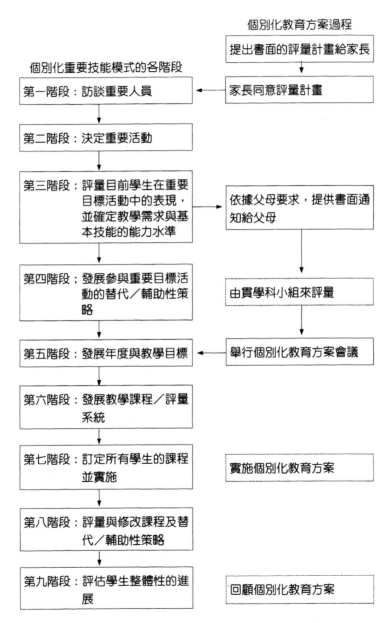

圖 7-1 個別化重要技能模式與個別化教育方案過程之間的關係

表 7-1　個別化教育方案的平行目標

物理治療師	職能治療師
1.走在平坦與不平坦的表面上。 2.從現在所站的位置往樓下走，再走回來。	1.用手操作物體。 2.反覆咀嚼。 3.不需提示會將杯子放在桌上。
語言治療師	教　　師
1.模仿粗大肌肉運動之動作。 2.模仿「M」、「B」與「P」的聲音。	1.一整天的上學期間保持褲子乾爽。 2.搭電扶梯。 3.購物時不需牽手，會跟著大人走。

統合目標（Infused Objectives）

　　教育人員已瞭解，他們需要發展能更真實地反映出目前的與逐漸形成的教育理念之教學目標。我們需要發展具有下列特色的教學計劃：

• 著重在自然環境中的重要活動。
• 教學需求與基本技能（在適用時）互相統合。
• 強調自然表現標準。
• 將適當的替代／輔助性策略納入以參與活動。

　　在個別化重要技能模式系統化教學過程中，教學目標是為了使學生能有功能性的統合反應（functionally integrated response）而撰寫的。而經由將基本技能的教學與重要活動的教導之相互統合可達成此目標。換句話說，重要活動的教學目標與學生在基本技能上的教學需求互相統合。這些統合目標著重在學會並類化自然環境中的重要活動與技能，並在適當時候，將教學需求嵌入基本技能的教學中。當個別化重要技能模式統合教育目標已達成時，學生將能更完全地參與被選定的自然環境中之重要活動。

要素

統合目標有九個要素。下列所述為每項要素：

1. 日期	期間與個別化教育方案的時間長度。
2. 提示／替代（輔助）性策略	透過相關的活動分析，評量學生目前表現水準而決定的參與狀況。
3. 重要活動	透過訪談重要人員與找出教學活動而決定。
4. 自然環境	透過訪問重要人員，由其決定活動真正會進行的環境（非教學環境）。
5. 重要技能	由重要人員決定；以相關的活動分析評量學生目前的表現水準。
6. 自然標準	透過活動分析並根據學生目前的表現水準來決定。
7. 教學標準	判斷學生已學會活動的技能要素之主觀決定。教學標準應該落在 85 ％ 至 100 ％ 範圍之內。低於 85 ％ 的表現不能被解釋為學會此技能，且不能確定有足夠的成功機會。
8. 基本技能	經由評量基本技能的需求，及在第三階段所找出學生目前表現水準來決定。
9. 每一項基本技能的自然／教學標準（在適用時加上）	依自然標準（速度、時間長度、延遲時間、頻率或品質）及學生在重要活動中的表現，或個別專家的主觀想法來做決定。

　　統合目標的範例：在一九九〇年六月十五日之前，克蕾絲能藉著溝通書與他人（一人）的協助（例如：哥哥），在住家附近的魔術箱速食店用餐，店員詢問後能在四秒內點餐，三十秒內選定一張桌子，二十五分鐘內吃完食物，連續五次都達百分之百的標準。統合下列基本技能：

　　1. 社會：與陌生人有適當的互動。

　　2. 動作：100％ 的時間拿東西不掉落。

本目標的要素為：

要　　　　素	範　　　　例
日期	一九九〇年六月十五日前
提示／替代（輔助）性策略	給予溝通書與其他人的協助（例如：哥哥）
活動	克蕾絲會進餐
自然環境	在住家附近魔術箱速食店
自然標準	在四秒內點好餐，在三十秒內選定桌子，在二十五分鐘內用餐完畢
教學標準	連續五次達 100％
基本技能（在適用時）	與陌生人有適當的互動
每一項基本技能的自然／教學標準（在適用時）	100％ 的時間拿東西不會掉落

❖　撰寫統合目標

　　寫統合目標需耗費相當長的時間，且在最初可能令人覺得負擔沉重。但是經由撰寫統合目標，你會確定教學重心是放在功能性地統合反應，以及在自然環境中學會並類化重要活動和技能。透過撰寫統合目標，你在適當時候也能將教學需求融入基本技能。以統合的目標來寫個別化教育方案使父母與專業人員對於需使用的教學時間較不會有疑問。下面列舉一些統合目標的例子：

統合目標

　　休閒／娛樂領域：在一九九○年三月前，給麥克拼圖、書本、玩具卡車或積木，要他在這些玩具中選擇一樣，他會以口語表達他的選擇，並且在他家與朋友的家中乖乖地玩十五分鐘。當活動結束時，麥克能在口語提示下將玩具收好。統合：語言、適當的行為。

　　在一九九○年三月前，當玲德莎加入幼稚園的團體聆聽活動時，她會好好地坐著傾聽十五分鐘。活動包括：聽音樂、聽故事、看日曆。

　　社區領域：在一九九○年六月前，經由他人的協助，泰蕊會在皇后牛乳店用午餐半個小時。在等候食物時，當她一坐下，給她口語的提醒，她會安靜地坐下，連續五天達 95%的標準。

　　在一九九○年三月前，藉由溝通圖卡、字卡（site words，實用性的字辭並附有圖畫）以及大人的協助，麥克會在速食餐廳進食，他會點菜、付帳、選定桌位，在半小時的休息時間內用完餐。統合：語言、使用廁所。

　　居家領域：在一九九○年三月前，給傑斯上衣、短褲、與襪子，他在家裡或褓姆家會自行穿上它們。如果有必要的話，他會尋

求協助（不包括扣上鈕扣）。一星期六天中有四天會。統合：兩個字的發音與抓的動作。

在一九九〇年六月前，在連續五次的測試中，給夏瑞絲吸塵器與撢灰工具，她會獨立地搬動客廳的傢俱來清理地板並將它移回原位，倒掉垃圾，並留下非垃圾物品，連續五天達到校正程序的獨立標準。統合：消弱強迫性清潔他人物品的行為。

職業領域：在一九九〇年五月前，格雷克會在中央學院自助餐廳一週工作五天，由教師記錄資料以評量他在八天的測試中能獨立地清理桌面。統合：行為方面－對陌生人的態度，適當地回應別人向他打招呼。

在一九九〇年六月，布萊登會整理並使用分類模板與固定的釘書機來裝釘事先分類好的資料包，連續五天由工作督導來判斷在合理的時間內（包裹每天的數目不定）達98%的精確度。統合：完成工作、適當的工作速度、減少與工作不相關的談話。

❖　規畫個別化教育方案

學生的個別化教育方案需要一個參考當地的社區情況、重要人員的意見、綜合性（跨課程領域以及目前與未來環境）、以及長期性（不僅考慮一個學年，而是去思考學生的整個生涯）的課程。

所有教學成果的最終考量必須是增進每一位學生參與目前或未來最少限制的職業、娛樂、居家、與一般社區環境中符合實齡的活動。你已經朝著符合這些目標的路途走了一大段距離了。

在個別化教育方案會議之前，你已經：
- 訪談了重要人員。
- 與監護人溝通並協商暫時性的重要目標活動與技能。
- 分析重要活動。

- 與支持性工作人員討論將基本技能嵌入重要活動。
- 當適用於重要活動的情境時，將基本技能嵌入活動並排列基本技能的優先順序。
- 評量學生在重要活動中（如果可行的話，評量基本技能）目前的表現水準。
- 在評量之前與之後指定可讓學生更完全參與活動的替代／輔助性策略。

　　自訪談重要人員之後，規畫個別化教育方案的工作一直持續進行著。進一步的計畫可能包括草擬統合目標。發展統合目標與要素需小心謹慎，並應將計劃撰寫在一份以上的草稿上。草擬目標並不意味著最後的決定已做了，當你在會議中需要做修改時，它只是在個別化教育方案會議中簡明地呈現你資料的方法。此時，你已經與家長／撫養人有實質上的溝通與接觸，因此在個別化教育方案會議中不可能有令人感到非常驚訝的事發生。

　　在個別化教育方案會議之前，你也能計劃哪些基本技能要不要嵌入重要活動之中。記住！在重要的情境中教導大部份的基本技能，而非當成單獨的技能來教導。偶爾，基本技能可能被描述成個別化教育方案的目標，特別是在基本認知技能領域（如，閱讀能力）。但是，我們仍然要留意任何未被統合於相關的重要情境的基本技能。當學生的年齡逐漸增長，要減少強調基本技能的教學。應該花較少的時間教導較年長的學生基本技能，而且應該著重在發展能幫助個案補強其不足能力的替代／輔助性策略，讓他（或她）能更完全地參與目前與未來自然環境中的許多活動。記住，四個課程領域應該至少有兩項統合目標。

❖　舉行個別化教育方案會議

　　在舉行個別化教育方案會議之前，你已經與學生的父母有許多互動的機會。經由訪談重要人員，你與家長發展出支持與關懷的融洽關係，這種彼此關心與信任的關係會隨著個別化教育方案的進行大大的增進。有許多適合舉行個別化教育方案會議的場地，但是要記住這個會議的主要結果是個別化的教育課程。緩和你自己也放慢討論的速度，如此所有的與會者會覺得他們有機會分享其看法與解決問題，但不要花太多的時間討論那些最好另找時間談的主題。

　　父母、行政人員、指定的教學服務人員與教師，都會從一個能提供知識和有效的個別化教育方案會議中獲益。這可能是在貫學科成員所組成的小組（multidisciplinary team）中培養成員之間合作關係的最佳機會。當家長與專業人士，有機會將他們的角色視為互相支持與彼此需要以達共同目的時，學生終將得到最好的服務。

　　在小組中，你可能希望涵蓋在個別化教育方案會議中的是：所有參與者的簡短介紹與其到目前為止的角色、回顧並簡潔地解釋進行至目前為止個別化重要技能模式的過程、會議的目的、簡短地回顧基本技能的評量以及重要人員的訪談資料、解釋強調參與重要情境的統合目標、針對學習者特性與活動所需的特定替代／輔助性策略的需求、教學環境的資料與它們要如何配合學生生活的自然環境，以及必然要討論的學生的學習目標與短程目標。此時最後的修改，如果有的話，可以進行。你的事前計畫會使會議進行得有效率且彼此有豐碩的收穫，其結果即是相關與實際的個別化教育方案。

❖　摘要

　　撰寫個別化教育方案的過程讓你能對每個學生獨特的學習需求做出最佳的判斷。傳統上，目標都以平行的方式來撰寫，每個學習需求以單獨的目標來表示，因此，對學生所有的需求只有少許或毫無影響。個別化重要技能模式策劃統合目標，它強調學生功能性地統合反應。統合目標反映目前的意識形態著重在自然環境中的重要活動，將學習需求嵌入基本技能，強調自然表現標準，並含括任何參與活動的替代／輔助性策略。接下來兩章，我們將看看個別化重要技能模式中的統合目標如何與教學課程相結合。

參考書目

Savage, S. St. John, H., Goldie, B. & Barry, K. (1980). *Instructional programming for the severely handicapped: A functional skills approach.* Sacramento: California State Department of Education.

Snell, M. E., (Ed) (1983). *Systematic instruction of the moderately and severely handicapped.* 2nd ed. Columbus, OH: Charles E. Merrill Publishing Co.

Sulzer-Azaroff, B. Mayer, G. (1977). *Applying behavior analysis procedures with children and youth.* New York: Holt, Rinehart & Winston.

Turnbull, A., Strickland, B., & Brantley, J. (1978). *Developing and implementing individualized educational programs.* Columbus, OH: Charles E. Merrill Publishing Co.

White, O. (1980). Adaptive Performance Objectives. In W. Sailor, B. Wilcox, L. Brown (Eds.) *Methods of instruction for severely handicapped students..* Baltimore: Paul H. Brookes Publishing Co.

第八章
教學歷程：教師提示

個案研究：蘇珊娜一直在學習以輪椅從臥室移到廚房，當她到達時，她可以得到能兌換和哥哥玩她喜愛的遊戲之代幣。逐漸地，不論蘇珊娜是否隨後能跟哥哥玩遊戲，她都要從臥室移到廚房。正向結果的代幣與遊戲會被褪除（可能的話每隔一天得到一個代幣，依此類推；或增加兌換的比率，如第一次一個代幣等於一個遊戲，然後二個代幣換一個遊戲，然後三個換一個，依此類推。）透過系統化的褪除過程，自然結果將取代教學結果。漸漸地，自我期許、參與家庭活動的能力、成就感的驕傲與在廚房取得點心等自然結果將取代代幣與遊戲的教學結果。

「……教學情境的行為分析已提供教師、父母、輔導者、心理醫師與其他人，有效地改進學習結果的方法，不管個案的學習型態是如何的與眾不同或困難。」

賴璽與米索格（Rusch and Mithaug 1980, p. 3）

❖　教學方法

　　你已經確定要教什麼與在何處進行教學，現在你要面對如何教學的問題了。本手冊中有三章是專為討論教學歷程（個別化重要技能模式的第六階段）而寫的。在本章我們不想回顧現有的文獻（許多圖書館中充滿了解釋與提倡不同教學方法的書籍），我們將簡要地看看系統化教學方法的共同特性，然後看看如何將行為學派應用在訓練情境中。第九章的內容是行為學派在教學歷程中的應用。第十章所涵蓋的是如何發展課程與評量系統。

　　但是請不要被下列的內容給限制住。這三章並不是要針對訂定健全的教育實務指南以及（個別化重要技能模式使用者已經發現的）有效教學技巧這兩方面，給予非常明確的教學策略的指示。你應該在此領域鑽研並使用這些會幫助你創造自己教學風格的資源。個別化重要技能模式提供你發展兼具個人風格與健全過程之教育原則。

❖　系統化教學方法

　　雖然有各種各樣的教學技巧、學習者特性、自然與教學環境等，但所有良好的教學課程皆具有某些共同的特質，這些課程的教學是：

　　在日常與持續的基礎上進行。學生的個別化教育方案的教學活動，應基於平常與經常使用的考量（意即學習內容是學生平常且經常會使用到的技能或是平日參與的活動），如果不是如此，則學生僅有的學習機會就會像生活上偶然的插曲，而且減少了習得、維

持、類化技能的可能性。

以學生資料為依據。決定要教導學生什麼與如何教導,是根據平常實地蒐集學生表現的資料而定,任何主觀的解釋最好避免,以免阻礙學生的進步。在社區進行但非以學生資料為依據的教學課程要比戶外的參觀旅行稍多一些。他們都包含在系統化教學課程中,是不容否認的。

為符合學習者與工作的特性而設計。在進行教學前將學習者特質(如視力、聽力與社交技能)以及活動的要求(如語言技能與動作能力)列入考慮。課程針對學生的行為、教師的行為與環境的情境設下明確的期望。

使學生有持續性的發展。學生的表現資料要以平常的基礎來進行評量,而且要修改教學課程直到學生表現出令人滿意的進展。

系統化地褪除教師協助。教學協助(如指導、讚美、實物增強、肢體協助或校正)要逐步與系統化地被削減,直到學生能經由自然提示與環境的結果而有適當表現。

使學生在自然環境中熟練技能。確定學生熟練某些技能並不是只以他能成功地完成教學環境的工作而定,學生必須在需要使用這些技能的環境中成功地表現技能。

一旦學會某項技能後,增加其速度與頻率。一旦學生能正確地表現技能,給予額外的指導以確定技能的速度與頻率接近或達到自然環境的要求。例如,一旦查理熟練在他所工作的鬆餅屋正確的鋪桌順序與品質標準之後,他的老師會繼續教學直到他的速度與非殘

障工作者相等為止。

　　該「行為改變」能出現在每一個預期的情境中。每個技能都是一項完整技能的必要部分。每當某一個環境需使用某一特定技能時，即以系統化的教學方法指導學生該項技能。例如，不管何時只要史蒂文主動地發出聲音，即以相同方式增強他，不論他是否在指定的「語言治療時間」跟其語言治療師在一起。

　　發展教學課程與管理系統本身即是系統化過程，客觀的標準穩穩地紮根於健全的教育理論，從決定要使用何種教學技能、要寫什麼教學課程、何時修改教學課程開始。

❖　行為學派在教育上的應用

　　行為研究從一九四〇年代至一九六〇年代在重度身心障礙者的教學方法上有了重大地進展。早期的研究將人類的行為分析成環境的事件與人類反應之間的互動。透過仔細的審視，研究者將行為視為三部分的可能情況，稱為操作典範（operant paradigm）：

刺激　→　反應　　→　結果

　　行為（反應）並不是單獨地發生的，但都是依上述的這個典範發生。通常都是經由一個刺激或該刺激的某些特性來激發反應，且通常是經由該項結果再影響該反應出現的可能性。這個典範真的掌握了一天內的所有行為。

　　多年以來，教師們運用學習典範（learning paradigm）已成功地教會了學生新的技能。教師安排前情（antecedent events）以引起某

些反應，並給予特定的結果以影響未來反應的發生。基本上，教師已經控制了教室的環境以帶來期望的反應（例如，「瑞卡多！拿起你的湯匙」，「很好，你準備好要吃東西了。」等），他們很少或從沒想過自然刺激與自然結果，造成學生學會了只有在我們教導他們注視我們之後才會注意指令或說明。他們學會了在早晨已過了一半的時候穿衣，在我們將其衣服脫下並告訴他們一次穿一件衣服之後，坐在學習站（learning station）穿衣服。他們學會了只有在我們提示他們去做某事之後才會尋求協助，簡而言之，學生學會了只有老師在場的時後才會表現技能和參與活動。而如此非蓄意的依賴阻礙了學生大量地參與自然環境中的重要活動。

　　雖然像這樣的控制教學似乎是人為的，它呈現了品質教學的某些重要層面：應用操作典範的教學方法有其一致性。這種教學方法有賴高明與正確的學習測試（learning trials），以及一再重覆的機會才能以相同的方法表現相同的技能，如連續十五次要求學生將手放下。事實上，學習測試是非常高明與精確的，因此完整的教學策略，即區別測試法（Discrete Trial Format）(Donnellan-Walsh,1976)被發展出來。區別測試法強迫教師要持續地瞭解影響行為的環境情境。每個學習測試有清楚的起始點與結束點。學習測試以教師刺激為開始，以教師結果做結束。「湯米！看著我！」（教師刺激）；湯米反應出注視教師；「很好！」（教師結果）。在學習測試之前，教師計劃提示與結果，而且隨時要知道在每個學生做出反應之前與之後做什麼。

　　不幸的是當學生在自然環境中被指導時，有些教師不再能直接控制所有的刺激與結果，但是操作典範仍然有效，其不同之處是學生現在能對自然刺激與結果做反應。學習測試可從自然刺激開始，顯然，教師必須事先計劃策略以協助學生在自然情境中學習正確地行為。這些策略必須包含明確地描述：如何協助引出學生正確的反應、如何對正確與非正確的反應提供結果、如何褪除教師協助、如

何確定學生在所有的自然情境中都能維持已學會的技能。現在，我們的操作典範看起來是這樣的：

自然刺激→　反應　→自然結果

教師能從已經對環境產生效用的情境中獲益。

❖　教師提示：擴大操作典範

將自然刺激→反應→自然結果的典範謹記在心是相當重要的，這種典範必須經常被擴大使用以教導目前只會少許技能的個案。在提供學生需要的資訊以學習某一項技能時，其他的要素或「教師提示」〔以教學（人為的）提示與教學（人為的）結果的形式出現〕可能是必須的。

教學提示

教學提示意即會帶來正確反應的任何協助（附加於自然刺激，或在自然刺激之後，但是在反應之前）。如果自然刺激不會引起學生反應（或是它引起學生做出不正確的反應），則教師必須提供額外的資訊或協助。

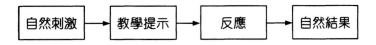

提示通常分為六種：

1. **口語提示**：在自然刺激之後所做的敘述，提供足夠的資訊以引起正確的反應。口語提示可分為兩種：

a. 直接的口語提示：要求相關的特定行動的口語指示或指令。例如，「打開門」，「將錢放入投幣孔」，或「喝你的牛奶」。

b. 間接的口語提示：要求相關的特定行動的隱藏性或暗示性口語敘述。例如，如果有一個學生在暖和的教室內穿很厚的外套，教師可能說：「這裡不是很溫暖了嗎？」而非直接告訴學生脫掉他（或她）的外套。

2. 動作（手勢）提示：指示學生應該表現某一行動的肢體、非口語動作或行動，例如，當冷空氣吹進來時手指向打開的門。

3. 身體引導：使學生能夠做出反應的肢體接觸。身體引導的範圍從輕微的碰觸其手到完全引導學生完成整個工作。身體引導一般分為兩種：

a. 部份身體引導：協助學生完成部分期望反應的肢體接觸。例如，督導將其手輕放在大衛的手上，並引導他以正確的角度將卡片放入打卡鐘。

b. 完全身體引導：引導學生完成全部期望反應的肢體接觸。例如，當蘇珊將叉子舉向嘴時，如果食物從叉上掉下來，教師將手放在蘇珊的手上，並引導她的手將盤上的食物送到嘴內。

4. 示範動作：表演並解釋期望的反應以讓學生模仿動作。例如，如果大衛一到達工作地點必須要打卡，他看到他的督導從架上取出她的卡片，放入打卡鐘打上時間，再將卡片放回架上，然後大衛取他的卡片模仿其動作。

5. 「刺激內」提示（ "Within Stimulus" prompts）：協助引出正確反應的，附於刺激之內或教材之內的資料。例如，在量杯上貼一段膠帶（標示出要倒多少的清潔劑）或在餐具墊上印上餐具或盤子的輪廓（標示出正確的位置）。

6. *視覺提示*：引出正確反應的視覺資訊。例如，以系列圖畫呈現打掃房間的技能之順序。

如果提示無效，意即如果他們不能引出正確反應，則要改變提示。如何選擇適合的提示稍後會在本章討論。修改教學策略則放在第十二章。

教學結果（*Instructional Consequences*）

教學結果是給予學生回饋以使其有正確或合適的反應的任何提示（在學生反應之後實施）。

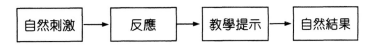

教學結果是人為的，因此其結果不會自然地在教學期間以外發生。其主要目的是影響未來發生此反應的頻率。例如，當學生將一項老師要求的東西放在購物車上，教師給予的教學結果可以是微笑或是口語讚美學生。當學生將食物灑在餐廳的桌上時，教學結果可以是教師把學生的餐盤移到學生抓不到的地方。這些教學結果都不會發生在教學情境以外。

教學結果可能以社會性的讚美、代幣、參與喜愛活動的機會、食物等方式呈現。有些結果是用以增加反應發生的可能性，在這種情況，他們是用來當增強物。增強物用以維持或增加隨其後所發生的行為。其他型式的增強是用以減少反應再發生的可能性。傳統上，這種型態的結果為我們所熟知的懲罰或負向結果。懲罰用以阻止或減少先前發生的行為。

負向結果包括忽視、表示不讚同、取消喜愛的活動等。在此必須提醒的是：有些懲罰性的結果，如體罰或殘酷的口語譴責，既不合法又不符人道，不應加以使用。事實上，任何負向的結果應該只用在所有的正向方法都已用盡之後才可使用。當你真的使用負向結

果時，隨時要確定你會經常製造許多指導與增強適當替代行為的機
會。只有在適當行為取代不當行為時，不當行為才能真正被消除。

❖ 選擇適當的教師提示

　　教師提示的效果與干擾性，視學習者的特性與活動要求而定。
將某一特定的教學提示體系或教學結果運用到所有的情況，對學生
與教師雙方而言都是沒有效用。表 8-1 所列的是每一種提示的潛在
優點與缺點，先前的小節簡潔地涵蓋了相關的正面的優點與負面的
結果。

選擇教學提示

　　身體引導一般被認為是最具干擾性的提示，因為身體引導需要
最多的學生與教師之間的互動。口語提示與動作提示普遍被認為較
不具干擾性，因為(1)它們不需教師與學生間的身體互動，(2)它們在
自然環境中隨時可用（人們傾向於給身心障礙與非身心障礙學習者
口語和動作協助），以及(3)它們不需身體的接近。但是，對於口語
提示有人提出了警告，有許多學生的語言理解能力不佳。結果，我
們所認為的口語提示對這些學生而言可能只是許多的聲音而已。一
般而言，教師很容易給學生太多的口語提示。如果你不確定是否要
給予口語協助，可能就是你不應給予提示。對你的學生不必或不需
詳細地解釋、描述以及說出每一個動作。

　　但是要再次地確定你所使用的提示符合學生的特性。有些學生
會變得易於依賴某一特定型態的提示。例如，雪拉只有在教師輕拍
其手以開始動作時，才會正確地將一湯匙的食物從盤子送到口中，
這種型態的依賴造成了在褪除提示時極大的困難。經常讓學生在無
提示（或大量減低提示程度）的情況下表現技能，並逐步減低提示

的程度能避免這種情形。

在選擇提示時，你要收集有關學生的學習特性與活動本身的資料。例如，口語提示對語言理解能力不佳的學生而言不是良好的選擇。身體引導對觸覺差的學生不利等。下列是一些有關的問題：

- 學生是否觸覺不佳（或不願被觸摸）？
- 過去對他或她有效的提示是什麼？
- 他或她的語言理解能力如何？
- 在自然環境中哪種型態的協助是適當的？
- 哪一種型態的協助較不引人注目（因此給學生帶來較少的負面形象）？

有時你要決定使用哪一種提示與學生有較少的關係，卻與活動有較多的關聯。例如，無論學生的學習型態（要透過口語提示、示範動作等）如何，如果你正在進行的教學活動有潛在的危險，如過馬路，則你要使用的提示當然要以最安全的情況來呈現。在過馬路的情境中你最可能使用的提示是身體引導，如此在可能受傷害的情況下你能靠近學生以保護或防衛他們。

通常，需要相當多的視覺專注之活動可能不適於使用示範動作或手勢提示。學生必須分散其注意力去看老師的手勢或示範正確的反應。需要非常特定的肢體移動之活動可能不適於口語提示。例如，向學生詳細地描述握撞球桿的複雜細節較容易使學生困惑或全然不懂，此時使用簡單的示範或輕微的肢體協助較可能幫助學生正確地撞球。

選擇教學結果

我們現在轉移到操作典範的右邊來看。先前對選擇提示所做的許多說明也可運用在選擇教學結果，在此不再重述。除了先前所提的使用負向結果的注意事項之外，最後的注意事項也會逐項列出。所有的教學結果應該是符合實齡的，較年幼的孩子可以給他們玩具

當作獎勵，但青少年與成人應該給予特別適合其年齡族群的教學結果。對一個十九歲的青少年而言，給他貼紙貼在紙上或看電視卡通是不適宜的，而且也違反了任何提倡符合學生的生理年齡活動的教學模式之原則。

褪除教師提示

　　學生能獨立是我們的最終目標。因為教師提示在教導學生新技能時通常很成功，所以很容易忽略了逐漸減少或褪除教師出現的重要性。褪除即是系統化地使用較不具干擾性的提示與結果，直到行為完全是由自然結果所引出的過程。除非學生可以在無其他協助或回饋的情境下表現此活動或技能，否則此技能在獨立（無協助）的情況下是無用的。

　　一旦學生能在較少協助的情況下表現此技能，則教師提示應該立即褪除。因此，當學生變得更熟練於表現此技能時，教師必須刻意地轉到一個較不具干擾的提示。當學生的能力水準被改善了並維持住其能力時，教師必須要選擇更多較不具干擾性的結果。

表 8-1 提示：優點與缺點

提　示	形　態	優　點	缺　點
身體引導	肢體接觸一移動學生	有益於： ・運動項目 有益於下列學生： ・表現外向行為的學生 ・視覺上或聽覺上受干擾的學生 ・語言理解能力差的學生	可能會被烙上不好的形象 對觸覺不好的學生較為不利
口語提示	敘述或問題	有益於： ・口語的工作 ・社交的工作 有益於下列學生： ・以聽覺學習的學生 ・語言理解能力佳的學生 不需要接近學生	需要良好語言能力 需要專注能力 可能難於褪除
示範動作	表演並解釋技能	有益於： ・組合或有順序的工作 有益於： ・觸覺能力差的學生 ・語言理解能力差的學生 對一群學生進行教學 不需接近學生	需要模仿能力
視覺提示	以視覺型態展示資料，例如：文字或圖畫教學	有益於： ・有順序的工作 有益於下列學生： ・語言理解能力差的學生 ・觸覺能力差的學生 不需要教師接近或在場	需要熟練基本技能 教學內容無社交機會 對視覺差的學生不利
手勢提示	指出正確反應的行動或移動	有益於： ・無社交活動 ・單一技能工作 有益於下列學生： ・語言理解能力差的學生 ・觸覺差的學生 容易褪除	需要社交認知 需要敏銳的視覺 可能太難瞭解
刺激內提示	部份必須的刺激	有益於： ・需要判斷的工作 有益於下列學生 ・以視覺學習的學生 ・容易依賴提示的學生 不需教師的接近	較不利於社交活動

❖ 摘要

　　有效的教學課程與管理系統是依據教學風格、學習者的特性、自然與教學環境等等而定。良好的系統化教學課程之共通特性包括：

- 在日常與持續的基礎上進行。
- 以學生的資料為依據。
- 為符合學習者與工作的特性而設計的教學。
- 使學生持續進步的教學。
- 系統化地褪除教師協助。
- 能在自然環境中熟練技能。
- 一旦技能熟練後，增進速度與頻率。
- 發生在每一個期望「行為改變」的情境。

　　健全的教學方法是依據學習原則與刺激→反應→結果的操作典範而定的。在自然環境中訓練學生之主要目的在於以自然刺激與結果來取代教師在教室訓練時所使用的人為刺激與反應。此典範被修改如下：

　　自然刺激→反應→自然結果。

　　要引出期望的反應通常必須使用教師提示，但是只能將它當作是自然情境的補充物，而不是用以取代自然情境。將引出期望的反應所需最小程度的教學提示，加於自然刺激之內或之後；將改進或維持期望的反應未來發生的頻率所需最小程度之教學結果加於反應之後。選擇適當的教師提示必須對學習者的特性與活動的要求相當瞭解。提示應該系統化地褪除至最少干擾的程度。完全獨立是我們要達到的目標。

　　在下一章中我們將藉著看二個系統化地運用教師提示的教學歷

程繼續來討論教學方法。我們也會討論提示並不需被限制在操作典範的某一邊。

m

參考書目

Billingsley, F. & Romero, L. (1983). Response prompting and the transfer of stimulus control: Methods, research, and a conceptual framework, *The Journal of The Association for Persons with Severe Handicaps, 8*, .2 : 3-12.

Donnellan, A. (1984). The Criterion of least dangerous assumption, *Behavioral Disorders, 9*: 141-150.

Donnellan-Walsh, A., Gossage, L., La Vigna, G. & Schyler, A., Traphagen, J. (1976). *Teaching makes a difference.* Santa Barbara, CA: Santa Barbara County Schools.

Holowach, K., Taresh, D., Harkens, B. & Savage, S. (1981). *Behavior management in natural environments.* Sacramento: California State Department of Education.

Kazdin, A. (1975). *Behavior modification in applied settings.* Chicago: Dorsey Press.

Rusch, F. R & Mittaugh, D. E. (1980). *Vocational training for mentally retarded adults: A behavior analytic approach.* Champaign, IL: Research Press.

Sailor, W., Wilcox, B. & Brown, L. (1980). *Methods of instruction for severely handicapped students.* Baltimore: University Park Press.

Savage, S. St. John, H., Goldie, B. & Barry, K. (1980). *Instructional programming for the severely handicapped: A functional skills approach.* Sacramento: California State Department of Education.

Snell, M. E., (Ed). (1983). *Systematic instruction of the moderately and severely handicapped.* (2nd ed.) Columbus, OH: Charles E. Merrill Publishing Co.

Sulzer-Azaroff, B., Mayer, G. (1977). *Applying behavior analysis procedures with children and youth.* NY: Holt, Rinehart and Winston.

White, O. (1980). Adaptive Performance Objectives, in *Methods of instruction for severely handicapped students.* W. Sailor, B. Wilcox, L. Brown (Eds). Baltimore: Paul H. Brookes Publishing Co.

第九章 ━━━━━━━━━━━━━━━

教學歷程：教學步驟

當收銀員能提供行為的自然提示與自然結果時，教師應該避免使用「拿錢給出納」之類的人為提示。相反地，教育者的工作是幫助學生確認自然刺激並對其做出反應。

認為只依賴或非常依賴人為提示與結果的學生會自動地對自然發生的前因與後果有反應，這種假設是非常危險的。較不具危險的假設是在有關確認以及對自然刺激做出反應方面，學生需要接受系統化的教學策略。

杜乃倫（Donnellan, 1984, p. 144-145）

❖　教學步驟與教師提示

　　雪拉是十二歲學生。她的重要活動之一是在附近的墨西哥餐廳買午餐。在本手冊的其他章節中已經告訴你如何將活動細分成適於教學的連續技能。

　　上一章所介紹的教師提示是協助你教導雪拉這些技能的有用工具。但是要使教學有效，則必須要系統化地使用提示。為了協助雪拉或任何其他學生有所進展，你必須謹慎地計畫及使用這些工具。

　　本章所談的是有關系統化地運用教師提示。本章將討論兩項教學步驟。要決定哪一項步驟適合你的學生，你需要考慮學習者特質、教導學生單一技能或是全部活動，以及所有被討論的主題。我們從新近被廣泛運用的操作典範來開始簡短地回顧行為學派在教育上的應用。

　　傳統上，教師常藉著人為方式操控學生反應的可能狀況，特別是在教學的最初階段，以增進學習。每個反應的發生是依據：學生產生反應之前（教學提示）、不正確的反應之後（校正程序－本章的新概念）、或正確反應之後（教學結果）所呈現的資料而定。依照這種方式，許多學生已經被教導在各種教學環境中表現無數的技能。

　　雖然人們廣為讚揚系統化行為方法在教學上的成效，但是許多教師表示其共通的悲嘆：學生只學會在人為的情境中表現技能，卻不會在自然的提示與結果之下表現技能。個別化重要技能模式鼓勵

使用兩種著重自然的可能情境之教學步驟：

- 教學提示程序(The Instructional Cue Procedure)
- 教學校正程序(The Instructional Correction Procedure)

　　此兩種程序之間基本上的不同在於教師在操作典範的哪一點上給予學生主要的協助。但是，誠如我們所見，認定第一種程序為完全依提示而定，而第二種程序為只依結果而定是錯誤的。這兩種程序的名稱來自被擴大使用的操作典範，即提示可在起始反應之前與之後使用。這兩種使用方式的辨識之道為：在最初反應之前所使用的提示，被稱為提示。在不滿意的反應之後所使用的提示，以引出正確的反應，被稱為校正。

❖　教學提示步驟

提示、校正與結果

　　教學提示程序是系統化的教學策略，在學生表現出被期望的反應之前，透過給予一致程度的教學提示（或暗示）讓其參與自然環境。在每次的學習測試（每次自然刺激發生，反應被期望出現時）給予教學提示。當學生符合事先決定的標準（例如，連續三天達 85%），則使用下一個事先決定的最不具干擾性的提示。例如，當羅瑞爾已學會藉由完全肢體協助用杯子喝水（三天達 90%），則教師接著只以部份肢體協助繼續指導他直到符合標準為止。

　　但是這種方法並不是純粹只依提示而定，正確與不正確反應的結果也是事先決定的。有時你要以自然結果來增強或消弱反應，那即是你（教學者）這部分不採取任何行動。例如，莎瑞娜將正確的零錢放入自動販賣機並取出一包花生。假設花生是莎瑞娜所選擇的點心，則你的教學增強物將是多餘的，因為她已經得到她所要的東

西了。但是，有時候你想要校正不正確的反應。例如，如果喬治撥電話給他的父親要他來接喬治，他撥錯了號碼，你會想要給他足夠協助以幫他撥正確號碼，因為選擇純粹的自然結果－喬治撥錯號碼，沒有告訴父親、沒人來接他－對你而言可能不是人道的選擇。然而，你可以在協助他撥正確號碼之前，給他許多次機會而不糾正他。

　　校正是事先被決定的，假如第一個教學提示無效的話則使用之。校正是以較不具干擾性的提示形態呈現。教學者應不要給予超過學生所需的資訊。例如，如果訓練者給蘿瑞手勢提示（指向掛外套的架子）期望她會有「脫下外套」的反應，而提示無法引出期望的反應時，訓練者的校正方式可能是直接的口語提示（「蘿瑞，脫下妳的外套」），而不是訓練者以身體引導幫蘿瑞脫下外套。

　　通常，教學結果最初是用來連結教學提示以增進反應再發生的可能性。這些教學結果（增強物）可以是任何東西，如微笑、輕拍其背、讚美、喜愛的食物、錢、玩具、參與活動等。記住！結果被定義為增強物僅僅是因其影響學生的行為，而不是我們認為需要或應該被增強的。增強物增加緊接其後之行為的發生。

使用正向增強的指南

• 使用符合實際年齡的功能性增強物，在自然環境中容易找到，期間短暫而且增強物的出現不會引起學生離開工作。

• 在最初的訓練期間，每次有正確反應則給予增強，無論是否是他人協助才做出的反應，或是獨立表現的反應。

• 在最初的訓練期間，表現正確反應之後馬上給予增強。

• 在最初的訓練期間，增強學生的專注力與合作行為。

• 當學生漸漸獨立且不斷地表現活動的步驟，並開始享受由反應或活動所提供的自然結果時，要開始褪除增強物。

實施程序

下列為使用提示程序的教學順序：

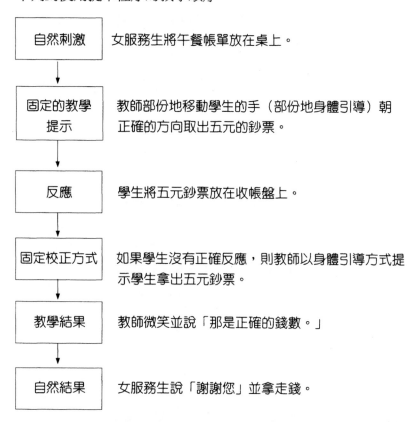

| 自然刺激 | 女服務生將午餐帳單放在桌上。 |

| 固定的教學
提示 | 教師部份地移動學生的手（部份地身體引導）朝
正確的方向取出五元的鈔票。 |

| 反應 | 學生將五元鈔票放在收帳盤上。 |

| 固定校正方式 | 如果學生沒有正確反應，則教師以身體引導方式提
示學生拿出五元鈔票。 |

| 教學結果 | 教師微笑並說「那是正確的錢數。」 |

| 自然結果 | 女服務生說「謝謝您」並拿走錢。 |

　　前述的範例所呈現的是單一的順序，並沒有一再描述過程。但是，實際上所呈現的順序會一再重複直到學生達到認定的熟練程度（假設不需要修正所使用的步驟）。然後以較不干擾的程度來使用新的教學提示並一再重複順序。

提示須如下列所示密集地減少：

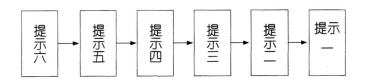

在引用的範例中，提示可能是：

提示六：部份身體引導（教師部份地移動學生的手朝正確方向
　　　　動作）

提示五：最少的部份提示（教師輕拍學生的手）

提示四：示範提示（教師從自己的錢包取出錢來）

提示三：手勢提示（教師指著錢包）

提示二：最少的手勢提示（教師指著帳單）

提示一：不須任何提示（自然提示－女服務生放帳單在桌上）

十二條有效的提示規則

當你運用教學的提示程序時，下列是十二條有用的規則：

1. 經由評量學生在重要活動中目前的表現水準來決定哪一種提
   示可能有用。

2. 所有的提示應該是精心設計安排的，如此這些提示才能褪除
   至自然的刺激中。

3. 教學提示的程度對特定行為的情境應該要最不具干擾性。

4. 協助的型態與量應該逐漸減少，直到學生不再接受任何的教
   學提示，而能對自然刺激產生反應，做出活動的每一個步
   驟。

5. 如果你必須經常校正學生的反應，則教學提示的程度應該更
   改到較具干擾性的。

6. 如果提示的程度結合直接或間接的口語教學提示，訓練者應該變化所說的話，如此學生才不會將不相關的刺激與反應聯結在一起。（例如，將「做下一個步驟」改成「下一個步驟是什麼？」、「你需要做什麼？」或「請你做完成。」）

7. 你應該在期望的反應將要出現之前立即給予教學提示（刺激→提示→反應）。

8. 經常地使用提示。每次刺激出現時，即是開始一次的測試，應該使用提示。

9. 只給一次提示。在學生做出反應（或不反應）與下一個測試開始之前，不要一再重覆提示。

10. 一旦給予提示，要等三至五秒看看學生的反應。

11. 如果學生在三到五秒內沒有反應，則使用校正或教學結果。

12. 如果學生反應正確，使用教學結果或讓自然結果當作增強物。

❖ 教學校正程序

校正的順序

　　在學生無法做出起始的反應或做出錯誤反應之後，教學校正程序（以教學提示的方式）提供學生正確的資料。校正程序並非預先假設學生所需的協助程度，而是讓學生在每次的測試中有機會儘可能獨立地反應。圖 9-1 所呈現的是使用教學校正程序的教學順序。

　　注意在表圖 9-1 中，每次測試教師都提示學生（範圍從最少協助至最多協助）。如果有錯誤發生，或是學生沒反應，教師則簡單地提供學生下一個程度的提示，直到學生做出正確的反應為止。校正程序是可改變的。每個校正程序之間只有一至三秒的時間，因

此，使用到所有校正程度的學習測試可能只持續十至十五秒。

在選擇提示（校正）的順位時，你要考慮第八章所討論的一些問題。學習者特質與工作需求會影響你的決定。你可以選擇使用一種你會按提示程度的多寡順序來實施的提示範圍。例如，以最少到最多干擾的順序來使用某個範圍的部分身體引導：其順序可以如下：(1)輕拍其手；(2)稍微重點拍學生的手肘；(3)將學生的手往前移六英吋；(4)引導學生的手臂往前取杯子；(5)完全的身體引導協助學生端起一杯水。在這種情況，四個由少到多程度的部分身體引導與最後的完全身體引導，使用在教導學生「端起杯子」的技能上。校正可以按順序呈現直到學生做出正確反應。有時，校正程度的順序可包含口語、手勢提示與身體引導。無論如何，提示的範圍必須要依序呈現，讓學生表現目前的程度，並盡可能使其達到獨立程度。你應該從四到六種提示中去選擇，而這些提示是在每次的學習嘗試中，你會有系統且自然而然地提供給你的學生。

實施方法

本模式的主要變項是引出正確反應的必要提示程度。學生是否學會技能視每次嘗試時減少使用必要的提示程度來決定。圖 9-2 為運用教學校正程序的架構之教學順序。

你不必使用每種程度的提示以進行校正。對某些學生而言，你可以決定手勢、口語提示與示範動作是不需要的。但是，一旦你選擇一系列你該做的校正程序之後，要按你已決定的順序完成每個校正程序直到學生反應正確為止。

五項有效規則

當你運用教學校正程序時，下列為五項有用的規則：

1. 決定要使用的校正程度。
2. 如果校正的程度為間接口語或直接口語提示，則訓練者應變

化所說的話，如此學生不會嚴重地依賴某一特定的語句（例
如，「掃帚在哪兒？」可以改為「它在哪？」或「你把它放
在哪？」）。

3. 自然或教學刺激出現之後，在開始使用校正程序之前要等三
至五秒看看出現的反應再校正。

4. 讓每一校正程度之間只有二至三秒的時間，只有在期望的反
應出現時才停止校正。

5. 一旦校正程度已經決定了，要使用固定的程度且必須按順序
進行。

　　不論是使用提示或校正程序，一致的教學風格是重要的。所有
的提示、校正、結果必須要在進行教學之前就被計畫好。這並不意
謂著我們不可能做任何改變，但是，要做改變時必須要系統化地進
行更改。如果漫無目的地教學，以無計畫的型態進行，學生的認知
技能也會是漫無目的與無計畫的。因此，系統化教學技巧能讓我們
對學生、我們的管理以及我們自己負責任。

　　本章的其他小節將會討論兩項有關「協助你決定哪一個教學步
驟對你的學生最好」的主題，即學習者特質及是否教導學生全部的
活動或是活動所包涵的技能。

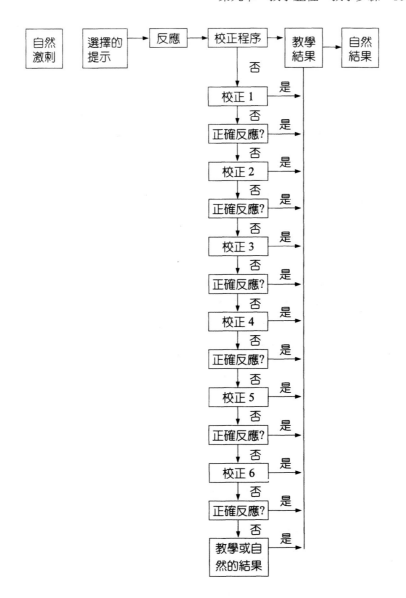

圖 9-1　教學校正程序

❖　學習者的特質

　　很多傳統的教學方法在教學前很容易就把手邊的工作當做主要的考慮內容，其結果就是製造了一大堆的工作分析，而這些工作分析假設所有的學生都需要學習全部的技能。人們認為用適當的前因與後果（即小心翼翼地操控前因，通常在所有情況中結果都會是相同的），教師就擁有了教導學生相關與成人技能之所有必備工具。但是，事實上相關的教學目的與教學方法不能而且不該被遺漏掉。因為，並非所有的學生都有相同的表現或是以同樣的方式學習，而且學生獨特之學習特質對於技能的需求同樣重要。

　　很幸運地，你已經蒐集大部份（如果不是全部的話）你需要的資料了。你在個別化重要技能模式的早期階段中（特別是在第三階段評量活動），已經蒐集了這些資料。這些資料將分成三類：學生的表現特質、學生的學習特質，以及學生的喜好。

學生的表現特質

　　有關學生在各種環境中如何表現的資料也可能影響你如何教導學生。你要考慮你的學生如何處理壓力。下命令給她時會發生什麼事？她會退縮、照命令做、或繼續工作？你可能想知道你的學生在各種環境對（被教導過的）工作的反應：膽怯、吵鬧或安靜。

　　你的學生工作得多快？他的表現是否一致？一般而言，他的工作品質如何？你可能希望知道你的學生使用何種解決問題的策略。他是否尋求協助？他是否停止工作？他是否會假裝（做得不正確，而不是承認不知道如何做）？他是否模仿或抄襲別人？如果他做錯了，他會自己更正嗎？

　　如果你的學生有些異常行為，你可能需要考慮其他事項。例

如，假設你的學生固著於某種行為或物品，你可能要依情況調整你
的教學策略。（例如，不要使用會引起麻煩的物品當增強物。）如
果你的學生固著於自我刺激的行為，你要把能減少這些行為發生的
教學策略納入工作內容中。如果學生有固著或強迫性行為，這也會
影響你的教學策略。你可能希望在強迫行為再次出現之前，使用能
讓你糾正或阻止其行為的教學策略。

　　無論你的學生是上述的哪一種情況，有關學生表現的資料可能
影響你如何進行教學。決不該以學生表現不佳或有不當的行為當做
不進行教學目標的合理解釋。學生表現特質的資料會影響你如何進
行個別化教育方案目標的教學，而不是你是否要教導學生這些目
標。

學生的學習特質

　　有關學生如何學習的資料也可以協助你決定教學策略。你需要
回答的問題可能包括下列幾項：學生的學習速度是否快速？在熟練
一項技能之前是否需要許多次的測試？哪一種知識輸入方式對你的
學生最好？你的學生通常對什麼刺激特性（口語、視覺等等）會專
心？輸入方式的複雜度要如何？你應該講二個字的語句或整個句
子？你應該使用照片或線條圖畫？

　　如果有過去的訓練記錄（如果你的學生已經有先前的學習經
驗），大部份的這些資料應該會有用。你要找出的是學生的學習型
態。你需要找出對環境與情境可預知的反應，如此，你可以確定如
何好好利用你與每位學生之間短暫的教學時間。

學生的喜好

　　最後，你要考慮學生的喜好。你要考慮你的學生喜歡什麼活動
（從工作或增強物的角度去看），喜愛什麼食物與飲料，以及喜歡
在什麼環境工作。你的學生喜愛怎麼工作與遊戲（成群的，單獨

的，或成雙的）也是相當重要的資料。

❖ 選擇教導「單一技能」或「全部活動」

提供充足的學習機會

　　一九六〇年代與一九七〇年代流行的教學技巧為成群的學習測試教學，這種教學技巧讓學生快速地學會新技能。它提倡將許多的學習測試聚結在一起，如此學生能快速地接受至少有 20 個表現相同工作的機會（如，組合二十個原子筆、摺二十個毛巾、擺餐桌二十次等等）。雖然這種教學方式真的讓學生學會了技能，但是，此種明確化的學習方式很少在自然環境中發生。

　　社區本位的教學已經改變了我們的教學方式。一天買十五或二十個漢堡太花費時間與金錢，況且不合乎正常情理。那麼我們要如何提供足夠的學習機會，而仍舊能讓學生的目標行為維持自然發生的頻率呢？

　　舉個例來說吧，假設你要教學生買他的午餐，這個活動需要許多的步驟（如，從口袋中取出錢包、打開錢包、取出錢、付帳給服務生、關上錢包，並將錢包放入口袋中）。教導這個活動有兩種方式：教導學生每一個單一技能或是教導全部的活動。

「單一技能」對「全部活動」

　　單一技能指某項活動的一個要素（如，打開錢包）。全部活動是完成活動所需的要素之完整順序（如，取出錢包、打開錢包、取出錢、付錢給服務生、關上錢包，以及將錢包放回口袋）。

　　學習單一技能時，在指導下一個順序的要素之前，學生必須要達到標準。教師分別指導要素再將其連結組成更複雜的行為。許多

較複雜行為經常是以此種方式來進行教學的：學習一個單一行為或單一技能之後，然後再加進另一個技能，然後另一個，依此類推直到形成一個完整的鏈子。

當學生學習全部活動時，意即他們在每次的學習嘗試中完成整個活動要素的順序。對學習全部活動的學生而言，當他們試著使用尚未學會或熟練的要素（技能）時，教師必須給予不同程度的協助。例如，摩根正學習在速食店買午餐。目前他的教師對大部分的步驟提供手勢與口語提示（指向櫃台、拍他的溝通卡、說「拿出你的錢」等）。摩根仍然需要完全的身體引導以協助他從口袋取出錢包。在任何一個教學順序上（從走進餐廳到坐在餐桌旁），他的教師對每項要素（技能）使用不同程度的協助。

使用結合兩者（單一技能與全部活動）的教學方法，意即全部活動的進行以平常為基礎（如，摩根一星期買三次漢堡），單一技能的演練則針對較困難的要素分別加以練習（如，摩根每天練習從口袋取出錢包十五次），能確保教學內容顧及技能的順序，而且也讓學生能一再練習技能，而這些練習機會是許多學生都需要的。在一整天中有許多機會可用來練習較難動作。例如，摩根可能被要求出示其公車票，帶買飲料的零錢，數錢（「你是否有足夠的錢投自動販賣機？」），展示其家人與朋友的照片等。這些活動需要摩根從口袋取出皮夾（照片放在皮夾內），而且讓教師能有效地額外指導他。

❖　決定使用何種教學步驟

選擇正確的教學步驟可以為你與你的學生省下寶貴的教學時間。你要選擇能提供足夠資料給學生，而且能讓學生以合理的速度進步的方法。不論你選擇哪一種步驟，你要儘可能地提供最不具干

擾性的協助給學生。任何教學的最終目標是使期望的反應藉由自然
刺激與自然結果事件來維持。

　　瞭解學生的一些學習特質會幫助你決定教學方法。學生的學習
速度與平常你所使用的提示程度會影響你選擇何種教學步驟。通
常，學生的學習速度愈快，你使用校正程序會愈成功。愈慢的學習
速度，你使用提示程序會較成功。

　　找出學生的提示程度對你的決定也會有助益。如果你不確定要
使用何種提示程度，從校正程序開始進行教學。在每次進行學習嘗
試時呈現所有的提示程度。如果學生在某個提示程度上表現得很成
功，則校正程序會更適合。如果學生在某一個提示程度上持續無進
展，則提示程序會更適宜。

　　一般而言，學生要表現全部活動較表現單一技能難。如果使用
全部活動訓練，學生在充足高百分比的時間內反應正確以加強技能
的熟練是重要的。如果情況不是如此，則移到單一技能訓練。但
是，要知道單一技能訓練可能是緩慢的過程，而且可能會造成學生
不必要的退步。

　　以下所列之順序為選擇使用哪一種程序與教導單一技能或全部
活動的一般性準則：

1. 全部活動──教學校正程序
2. 全部活動──教學提示程序
3. 單一技能──教學校正程序
4. 單一技能──教學提示程序

　　決定從這個順序何處開始的原則：如果學生進步很快，則往上
調整；如果學生很難學會此目標技能，則往下調整。

　　假設你正在教十歲的潔希卡自己進食。你與職能治療師決定用
有把手的湯匙，她會較容易握住。你使用單一技能──教學校正程
序策略開始教她從碗裡舀起半匙的食物送到嘴裡。她的表現低於你

的失敗標準（連續二天達 70％）。在前兩天的教學，她的表現只達 20％的程度。你決定改變到單一技能──教學提示程序，以身體引導提示每次的反應。她很快改善其表現，且你能系統化地褪除提示。

　　另一個學生，湯姆，你使用全部活動──提示程序，提示他按每個步驟清掃廁所。短短數天的教學之後，很明顯地你不須在每個步驟提示他。你移到全部活動──校正程序的策略，並發現湯姆能在你的最少協助之下表現得令人滿意。

❖　摘要

　　健全的教學方法肇基於學習原則與「刺激→反應→結果」操作典範。從理論的架構上有兩種教學方法：提示程序是一種在學生表現出期望反應之前給予協助的教學策略。而校正程序是當學生做出起始反應之後，如果學生的起始反應不對，才給予教學提示。提示要配合學習者的特質與工作要求。任何教學策略的目標是教導技能，如此技能才會被自然的偶發事件引出並維持住。上述兩種程序，要系統化地褪除人為的刺激與結果以使自然結果發生。

　　教導技能可以單一要素（一項活動中的一個技能）或全部的活動（一項活動的完整順序）來進行。決定選擇哪項教學程序與某項活動要教多少，得依學生的學習特質而定。學生所需的提示程度與學習速度也會影響你所做的決定。

　　本章以四項選擇做結束，每一個又包含兩個程序，而且若非單一技能則為全部活動方法。教師在開始時適宜依順序教學，再按學生的進展調高或調低程度。

　　下一章我們會經由如何撰寫教學課程與評量系統以結束教學歷程的討論。

目標行為：當交通號誌燈轉成綠色時，學生會過馬路

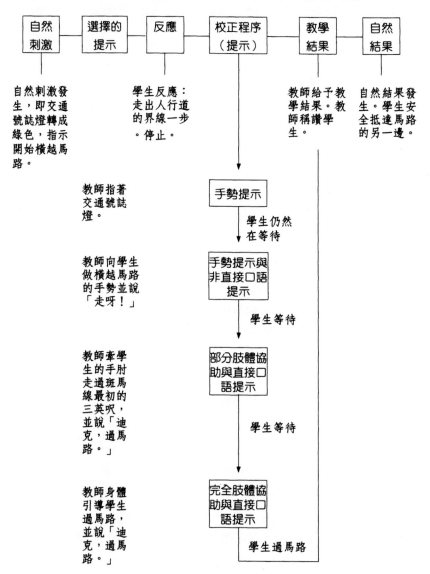

圖 9-2　範例：教學校正程序

參考書目

Billingsley, F. & Romero, L. (1983). Response prompting and the transfer of stimulus control: Methods, research, and a conceptual framework, *The Journal of The Association for Persons with Severe Handicappeds, 8,* 2: 3-12.

Donnellan, A. (1984). The criterion of least dangerous assumption, *Behavioral Disorders, 9:* 141-150

Donnellan-Walsh, A., Gossage, L., La Vigna, G., Schyler, A.& Traphagen, J. (1976). *Teaching makes a difference.* Santa Barbara, CA: Santa Barbara County Schools.

Falvey, M. (1986). *Community-based curriculum.* Baltimore: Paul H. Brookes Publishing Co.

Falvey, M., Brown, L., Lyon, S., Baumgart, D., & Schroeder, J. (1980). Strategies for using cues and correction procedures. In W. Sailor, L. Brown, and B. Wilcox. *(Eds.) Methods of instruction for severely handicapped students,* Baltimore: Paul H. Brookes Publishing Co.

Ford, A., Mirenda, P. (1984). Community instruction: A natural cues and corrections decision model. *The Journal of The Association for Persons with Severe Handicappeds, 9,* 79-88.

Hamre-Nietupski, S., Branston, M. B., Ford, A., Stoll, A., Sweet, M., Gruenewald, L., & Brown, L. (1978). Curricular strategies for developing longitudinal interactions between severely handicapped and nonhandicapped individuals in school and nonschool environments. In L. Brown, S. Hamre-Nietupski, S. Lyon, M. B. Branston, M. Falvey, and L. Gruenewald(Eds.). *Curricular strategies for developing longitudinal interactions between severely handicapped students and others and curricular strategies for teaching severely handicapped students to acquire and perform skills in response to naturally-occurring cues and correction procedures,* Madison, WI: Madison Metropoliton School District.

Haring, N., Liberty, K., & White, O. (1982). Rules for data-based strategy decisions in instructional programs: Current research and instructional implications. In W. Sailor, B. Wilcox and G. T. Bellamy (Eds.). *Methods of instruction for severely handicapped students.* Baltimore: Paul H. Brookes Publishing Co.

Holowach, K., Taresh, D., Harkens, B. & Savage, S. (1981). *Behavior management in natural environments.* Sacramento: California State Department of Education.

Horner, R., Meyer, L. Fredericks, H. (1986). *Education of learners with severe handicaps.* Baltimore: Paul H. Brookes Publishing Co.

Savage, S. (1983). *Instructional programming in natural environments.* Sacramento: California State Department of Education.

Savage, S. St. John, H., Goldie, B. & Barry, K. (1980). *Instructional programming for the severely handicapped: A functional skills approach.* Sacramento: California State Department of Education.

Snell, M. E., (Ed) (1983). *Systematic instruction of the moderately and severely handicapped.* (2nd ed.) Columbus, OH: Charles E. Merrill Publishing Co.

Sulzer-Azaroff, B.& Mayer, G. (1977). *Applying behavior analysis procedures with children and youth.* NY: Holt, Rinehart and Winston.

White, O. (1980). Adaptive performance objectives, in *Methods of instruction for severely handicapped students.* W. Sailor, B. Wilcox, L. Brown (Eds.). Baltimore: Paul H. Brookes Publishing Co.

Wuerch, B. & Voeltz, L. (1981). *The Ho'onanea Program: A leisure curriculum for severely handicapped children and youth.* Honolulu: University of Hawaii.

第十章
教學歷程：撰寫教學計畫

使用低推論教學模式的課程比那些使用高推論策略的課程較少依據危險假設。當課程是依觀察方式來確定學生學會技能，利用適當的替代／輔助性策略以增進學生參與機會，並以他們最終會需要表現這些技能的行為情境與社會情境來教導他們時，則其在教育立場上較站得住腳。

杜乃倫（Donnellan, 1984, p146）

這種景象有何錯誤？

希爾太太通常帶領三個學生在附近披薩店（尚未營業前）清理桌子。學年結束前她很高興地報告她覺得兩個學生已較有進步了，但是第三個學生仍然有困難。然而，她無法以具體資料支持其觀察所得，對於學生如何進展交待不清。至於第三個學生，她只能說他在取清潔用具與遵從指示上仍有困難。

❖ 這種景像有什麼錯誤？

　　想像一下你給你的助理馬克最後一分鐘的指導：當他帶二名十歲學生走出門到學校的自助餐廳去買午餐時，你正試圖告訴他卡珞琳需要部份身體引導才會從她的口袋取出錢來，以及提醒他如果瑞可不會向餐廳工作人員展示他所要吃的東西的圖卡時，要如何使用四個步驟的校正程序來指導他。當你試圖告訴你的助理如何提供教學結果給卡珞琳時，馬克正要走出門口，他一邊點頭表示他聽到你所說的話，一邊往前走，然後他從走廊的盡頭大喊「要怎樣提示卡珞琳將托盤帶到餐桌上呢？」此時，你的回答消失在走廊上正要去用餐的學童的喧鬧聲中，而同時有兩位學生義工和實習教師正在問你有關其他十一個學生的類似問題。

　　這個畫面的錯誤當然在於你的助理在與卡珞琳和瑞可走出門之前，完全不知道他要如何協助學生完成被指定的工作。不幸的是，最後你全然不知學生是否會接受到你想要給他們的既正確又有系統的教導。你的助理需要有一份書面的計畫以便一再查看，或者帶在身邊，這份計畫會明確地敘述他要對學生有什麼期望，以及他要做些什麼以確定並鼓勵正確的行為。

　　此時在個別化重要技能模式過程中，對於要如何教導你的學生，你應該有個清楚的想法。你手上有能使你針對重要技能提供系統化教學的資料。你應該相信你的教學方法是依據健全的教育理論，而且這個教育理論已被上百名這領域的專業人員確認其效果，而且是目前所實施的有品質的教學。本章藉著敘述如何發展書面的教學課程與評量系統，以確定教學歷程的安排。

❖　計畫教學課程

　　教學課程是預先計畫的，在書面上明確地描述你要學生做什麼與你要如何引出、維持和改正學生的反應。教學課程是在一整天的教學中，你會使用的課程計畫，它們應該是簡潔且易於明瞭的，而且能提供足夠的資料以有效地實施課程。教師教給學生的每一項活動一定要有明確的教學課程。正如每個學生的學習特質皆不同一樣，教學計畫亦不盡相同。甚至當許多學生在同一活動時，每一位學生所接受的指導、教學提示、校正與結果皆不相同。有了書面記載的課程來明確地指出教師要做什麼、期望學生的反應是什麼、對學生的反應要如何給予教學結果，所以你能夠確定教學會更精確與有效。

　　一份書面的教學課程提供了學生學習型態的經歷記錄（過去使用提示的種類、校正程序與結果），以及父母、工作人員與行政人員對於要教導每一位學生什麼活動的意見和如何教導的記錄。正確地完成教學課程對代課老師、助理教師、指定的教學服務人員與義工而言，也是良好的課程計畫與訓練幫手。將學生的教學課程放在隨時可拿到的地方，如此課程可每天被查看與更新。將教學計畫整齊地打好，擺在櫃子內並用顏色標明檔案，看起來會更整潔而有效率。但是，如果這些計畫不是被拿來每天查看，則系統化的教學就不會實現。計畫可能在檔案櫃中保持得整齊與乾淨，但是學生卻一無所獲。

撰寫計畫

　　你要怎樣寫教學計畫是個人喜好與風格的問題。計畫該寫得簡單與易於明瞭。好的教學計畫應該包含足夠的資料，如此一來不熟

悉此活動的人也能提供教學。計劃應該包括一些有關學生與活動
（統合目標、課程的修正標準、自然環境、教學環境，以及基本技
能在活動中的步驟）的一般性資料、活動的明確資料、教師與學生
的期望（學生的反應、需要的教材、提示、校正程序、教學結果，
以及自然提示與結果）等。

　　你可能要設計最符合你個人所需的教學課程表格，在此提供個
別化重要技能模式教學計畫表當做範例，你可以直接使用它，或是
修改它以配合你的需要。它有許多可修改的項目，你應該設計對你
有最大效益的表格。但是，你不要掉進「為表格忙碌，而不是讓表
格來為你做事」的圈套。不要失去你對第一優先事情（提供你的學
生有品質的教學）的洞見力，你的教學計畫表應該能幫你有效率且
有能力做這些事。

　　個別化重要技能模式教學計畫表協助你事先計畫每個重要活動
的相關教學課程。計畫表有兩個主要要素：

活動／目標資料表

　　（表 10-1）包括下列各項資料：

活動：活動名稱

學生：學生姓名

統合目標：直接來自個別化教育方案

基本技能在活動中的步驟：因為基本技能可能被嵌入重要活動
　　　　　　　　　　　　之中，此空格是記錄在此活動中基
　　　　　　　　　　　　本技能的步驟。

日期：在一週中課程將實施的日子

活動的大約時間：整個活動要花多少時間來進行教學

一般的活動時間：活動自然發生的時間（參考活動分析）

自然環境：活動最終會發生的環境（參考活動分析）

教學環境：學生被訓練的環境－只有與自然環境不同時要記錄。

替代／輔助性策略：任何技能、活動或教材的替代／輔助性策
　　　　　　　　　略。

行為管理：明確地描述任何你目前正在使用的改變行為的策略。

增強時間表：如何與多久增強某一特別行為。

課程修改標準：建立代表學生反應的標準範圍，超過或低於此
　　　　　　　標準則修改課程。

課程回顧檢討日期：課程回顧的頻率。

訓練者的位置：描述訓練者與學生之間的位置。

審查項目：你何時與如何在自然、非教學的環境中進行試驗以
　　　　　加強某些特定技能的類化。

教學計畫表

（表10-2與10-3）教學計畫表提供空間以填寫下列各項資料：

反應：你期望學生參與的活動中會使用到的每一項連續技能
　　　（每一空格填一項技能）。

教材：在教學上任何需要用到的材料。

提示：當你使用提示程序，如果有的話，指出每個你會用到的
　　　提示步驟（包括提示變動；見表 10-2）

校正：當你使用校正程序時，列出一系列你會使用的校正程序
　　　的每項步驟（見表 10-3）

教學結果：如果有的話，列出你會使用的結果（包括教學結果
　　　　　的變動）。

　　要根據你正在教導活動的長度來填寫，可能你為某一活動所做
的教學計畫會延續好幾頁。如果你正在教導單一要素，你一次會用
到一張表格。如果你正在教導全部的活動，則你會用到許多張表
格。

　　不要假設每個反應的提示、校正程序、結果會相同。你必須經

表 10-1　工作單 19

教學計畫表（活動／目標）

活動：用烤麵包機烤鬆餅

學生：羅瑞

統合目標；放一台插上電源的烤麵包機在廚房的台子上，羅瑞能連續三次不經提示，或不需要技能的輔助／替代性策略即會使用烤麵包機烤鬆餅。統合基本技能：以適當的步伐走路。

一週的天數；星期一　星期二
星期三　星期四
星期五　星期六
星期日

大約的活動時間：10 分鐘準備／15 分鐘用餐

一般人的活動時間：早上 7：15

自然環境：殘障者社區家園

教學環境；殘障者社區家園／學校休息室

教學活動過程摘要；

替代／輔助性策略：沒有

基本技能；	步驟；
以適當的步伐走路	每次有適當行為即增強。一週測試一次並做記錄

行為管理：稱讚個案「走得比較快了。」

增強時間表：每一次以適當步伐走路時

課程修改標準：+85%連續三天
-70%二天

課程檢討日期：1989. 3 月

訓練者的位置：五呎之內

測試項目：測試走路一週一次；在殘障者社區家園烤鬆餅一週一次；訓練者在 15～20 呎之外。

表 10-2　工作單 20
教學計畫單

活動：擺餐具　　　　　　　　　　學生：芭芭拉

	材料：桌子／盤子	材料：桌子／盤子／叉子	材料：桌子／盤子／叉子／湯匙	材料：	材料：
提示	「擺餐桌」肢體引導—舉起學生的手去抓盤子。盤子放在離桌邊三吋以上的地方。	「拿叉子」肢體引導—舉起學生的手去抓叉子，並放在盤子的左邊。	「拿湯匙」肢體引導—舉起學生的手去抓湯匙，並放在盤子的右邊。		
反應	將盤子擺在桌上正確的位置。	將叉子擺在盤子的左邊。	將湯匙擺在盤子的右邊。		
校正					
教學結果	「對。」	「很好。」	「做得很好！」		

表 10-3　工作單 20

教學計畫單

活動：擺餐具 _____　　學生：荷西 _____

	材料： 桌子／盤子	材料： 桌子／盤子 ／叉子	材料： 桌子／盤子 叉子／湯匙	材料：	材料：
提 示					
反 應	將盤子擺在正確的位置	將叉子擺在盤子的左側	將湯匙擺在盤子的右側		
校 正	1. 以肢體協助指導學生將盤子擺在桌子。 2. 將學生的手推向盤子。 3. 示範擺盤子在桌上的動作。 4. 指向盤子與桌子。 5. 完全獨立。	1. 以肢體協助指導學生將叉子擺在桌上。 2. 將學生的手放在叉子上。 3. 示範擺叉子在桌上的動作。 4. 指向叉子與桌子。 5. 完全獨立。	1. 以肢體協助指導學生將湯匙擺在桌上。 2. 將學生的手放在湯匙上。 3. 示範擺湯匙在桌上的動作。 4. 指向湯匙。 5. 完全獨立。		
教學結果	「好。」	「對。」	「非常好！」		

由程序中的每個步驟去思考，並依據你涉入的程度來計畫。你已經蒐集了有關學生的基本技能與在重要活動中目前表現水準的資料，它們將協助你進行最初的計畫。回顧活動分析，重新查看學生的每個技能的表現與你約略記下的說明。

在填寫教學計畫表時，你可能發現按技能順序寫下你要教學的所有步驟會相當有用。例如，如果你正在教鋪床，要從活動分析中記下學生每次的反應。然後再一步一步地往回走，要寫下每個步驟如何被提示，不要忘了要將自然提示與結果加入你的思想過程中。記住你的最終目的是技能被維持在自然環境之中。

撰寫教學計畫起先可能耗費許多時間，但是，一旦你對教學方法熟悉了，完成計畫表就會變得相當容易。當你負責教導一大群學生很多活動時，你會發現詳細地描述教學內容與方法的所有細節非常有用。

每天回顧你的計畫，可使你進入每個教學情境並對維持教學的一致性有興趣。藉著使用事先寫下的提示程度、校正程序、結果，你能確定目前所學習的是設想週到、一致地運用學習原則的結果，而非隨興所至、偶然或意外的教學。

測量系統（Measurement Systems）

個別化重要技能模式的主要信條是：學生的學習與有效的教學課程有直接相關性，而且與學生的特質有關。有效教學課程增進並改善學生在自然環境中的表現。無效的教學課程無法改善學生在自然環境中的表現。如何知道你的教學課程是否有效？效益只能以與學生的重要技能或基本技能的自然表現有相關的客觀資料來決定，而採集資料是你正確地知道你學生表現如何的唯一方法。

在實施你的教學計畫之前，你需要設計出蒐集有關學生進展客觀資料的方法。測量系統即是為下列兩個目的而設計的：

1. 為使教師蒐集到學生在學習上直接的表現資料。

2. 爲使教師對下列情形做有效的教學課程的決定，以及做必要的課程修改：

- 當學生已達決定的標準，即符合目標時。
- 當學生沒有以期望的速度進步（學習），即教學課程需要修改時。

你可以選擇簡單或者複雜的測量系統，你在個案身上可找到豐富的資料，希望你回顧目前的文獻，以協助你決定哪些測量系統對你而言是最好的。

資料的蒐集

要避免只爲了資料的緣故而做暫時性地蒐集資料。你可能看過老師拿著夾板、馬錶與口袋型計次器忙著作記號、檢查與記下她忘了教給學生的事情。只有容易記錄的資料才會有用，如果系統太麻煩，則無法取得資料，你將不能做出適當、客觀的教學課程的決定。

不需要也不應該對學生每一層面的行爲取資料，你應該每次記錄學生在教學活動的表現，學生在基本技能的表現也應該定期地記錄。你不需記錄有多少人在購物中心對你的學生說「嗨！」或他換幾次電視頻道（除非這些被決定爲重要教學技能。記住，蒐集資料的目的在提供你必須的資料，以做出健全的教育決定，不要做過頭了。）

你可依據工作需求、學習者特質、與你自己的個人喜好選擇資料蒐集系統，但是良好的資料蒐集系統有一些共同的特質。良好的資料蒐集系統是：

正確的：被蒐集的資料用以評量要被評量的事物，意即一件事件發生的次數、需要怎樣的協助程度才能有反應、事情需要花多久的時間完成等。

可信的：用以蒐集資料的方法為：兩個獨立的觀察者觀看同一個情況，對於觀察什麼行為與如何記錄他們所看見的給予相同的指導，所得到的資料如果不是完全相同，也是非常相近的。

相關的：被蒐集的資料提供有關學生表現的必須資料。你只評量你有興趣的反應範圍（例如，時間長度、正確性、頻率、獨立程度等），而不是去蒐集你特別沒興趣的行為反應的資料。

實際的：發展出來的評量系統在教學環境中能容易地操作。如果你使用雙手的完全肢體協助，則你需要一個攜帶或處理最少材料的記錄系統。

有效的：資料蒐集系統應該是以最少的努力但提供最多的相關資料。

擁有令你感到輕鬆的資料蒐集系統是相當重要的，如果你選擇的資料蒐集方法既麻煩、不切實際又複雜，或者提供非你所要的資料，你將不會使用它或依據客觀的表現資料來做教育決定。讓你的資料簡單、相關而且每次蒐集資料。你要有持續性的客觀資料，以做教導學生的最佳教育判斷。

在自然環境中蒐取資料

在自然環境中蒐取資料可能引出一些問題，尤其是如果你想要維持不干擾學生的狀況。帶著夾板與馬錶跟著學生在雜貨店不是相當有遠慮的做法，但是等你可以回到學校時，才試著回想學生的表現並記錄也是不實際的。以下列有一些已被用過而且相當實際的替代物。

1. 迷你資料表：複製部份資料表在 3×5 或 4×6 的卡片上。

2. 手腕型或口袋型計次器：可以在運動器材行買到。你只要在每次有正確反應時按一下按鈕。

3. 小型計算機：按進正確程度的數目。只要你不碰功能鍵，資料會保持不變。例如，如果你的學生的課程有六個步驟，而且她需要在前四個步驟以第四程度的改正程序進行教學，在最後兩項以第五程度的改正程序，你可以按：444455。你可以稍後再改寫所顯示的號碼。

4. 口袋型錄音機：記錄口語的資料，稍後再謄寫。

記錄資料

對於你所使用的教學計畫表、資料蒐集表要依你個人的風格與特殊需要而定。你最有可能設計出符合你目的的表格。

表 10-4 與 10-5 是蒐集教學歷程（本章稍早提到過）的資料表範例。使用這些表格時，在適當的空格內，寫下學生的姓名、日期、重要活動。在表格的左邊欄位內，寫下教學課程的要素。如果你正在教導「單一要素」，你只要寫一項技能。如果你正在教導「全部活動」，你要按順序寫下所有的技能（見表 10-4）。如果你使用校正程序，你可以在表格左邊欄位由上往下（如表 10-5）寫下你正使用的提示程度，「獨立」應該寫在最少干擾性提示的上面。將你的提示標上號碼：1 至×（×等於你所列出的提示），「獨立」得到最高分，以此方法記錄你的資料，學生的任何特別技能的獨立表現得最高分數。

至於記錄與概述提示程序的表現資料，你只是想知道學生是否表現得正確或不正確或完全沒反應，你可以按下列方式記錄這些資料：

1. 正確反應，標上「＋」。

2. 不正確反應，標上「－」。

表 10-4　工作單 21
活動順序與資料蒐集表

學生：偉森　　　　　　　　　　起始：　1988. 10. 7

活動：中心醫院─貼上物品的標籤

日期：自然環境（N），非自然環境（S）：

反應／反應的變化	10/7	10/8	10/9	10/13	10/14	10/15	結　論
走到入口	＋	＋	＋	＋	＋	＋	
找到工作站	○	－	－	＋	＋	＋	
找到紙箱	○	○	○	＋	＋	＋	
找到標籤	○	－	＋	－	－	＋	
將工作帶到工作站	－	－	＋	＋	＋	＋	
走到無人的座椅	○	○	－	－	－	＋	
將椅子推到工作站	－	＋	＋	＋	＋	＋	
拿起無人使用的籃子	○	○	－	－	＋	＋	
將籃子帶到工作站	－	＋	＋	＋	＋	＋	
打開紙箱	○	○	○	－	＋	－	
取出物品	－	－	＋	＋	＋	＋	
撕下標籤	－	－	－	－	－	－	
將標籤貼在物品上	＋	－	＋	＋	＋	＋	
將貼好標籤的物品放在籃子上	－	＋	＋	＋	＋	＋	
結　　論 ％	$\frac{2}{14}$ 15%	$\frac{4}{14}$ 28%	$\frac{8}{14}$ 57%	$\frac{9}{14}$ 73%	$\frac{11}{14}$ 78%	$\frac{12}{14}$ 85%	

表 10-5　工作單 21

活動順序與資料蒐集表

學生：荷西　　　　　　　　　　起始：　1989. 2. 1.

活動：擺餐具

日期：自然環境（N），非自然環境（S）：

反應／反應的變化	2/1			2/2			結　論
擺盤子在餐桌上	2	2	3	2	3	4	
將叉子擺在餐盤的左側	2	2	2	2	4	4	
將湯匙擺在餐盤的右側	2	2	2	2	4	4	
校正：							
7. 獨立							
6. 手勢							
5. 示範動作							
4. 輕輕拍學生的手							
3. 握住學生的手引導他做動作。							
2. 部分身體引導，握住學生的手引導他做正確動作。							
1. 完全身體引導。							
結　論 %	$\frac{6}{21}$ 23%	$\frac{6}{21}$ 23%	$\frac{7}{21}$ 36%	$\frac{6}{21}$ 23%	$\frac{11}{21}$ 49%	$\frac{16}{21}$ 76%	

3. 沒有反應，標上「0」。

4. 把正確反應的數目加起來。

5. 除以全部反應，則得到正確反應的百分比。

正確反應的百分比－提示程序

$$\frac{\text{正確反應的數目}}{\text{全部反應的數}} = \% \text{ 正確}$$

例如，如果在十次的反應中學生得到六個「＋」，三個「－」，一個「0」，正確反應的百分比將是：

$$\frac{6}{10} = 60\%$$

爲記錄與概述校正程序的表現資料，你要知道學生需達到的獨立程度與需要協助的程度，你可以按下列方式記錄資料：

1. 以數字排列校正程度的順位，「獨立」得最高分。

2. 記錄在順序上最後使用的提示（它引出期望的反應）的數字（這個數字可能經過幾次的試驗會更改）。

3. 課程中全部步驟的數目乘上「獨立」的數字順位。

4. 將你記錄的每次學習嘗試所使用的提示程度之順位加起來。
（例如：獨立爲 5，口語提示爲 4，示範動作爲 3，部分身體引導爲 2，完全身體引導爲 1，沒反應爲 0。課程中有 5 個步驟，學生每次嘗試所使用的提示之順位依序爲 1、3、3、4、5，則學生反應的總合爲 16）

5. 學生嘗試的總合除以學生獨立程度的總合即是正確的百分比。

正確反應的百分比－校正程序

$$\frac{\text{學生反應的總數}}{\text{獨立的順位} \times \text{步驟的數目}} = \% \text{ 正確的獨立程度}$$

例如，如果在一個有 10 項步驟的課程中，「5」為「獨立」的順位，學生得到的總數為 40，獨立程度或正確度為：

$$\frac{40}{10 \times 5} = \frac{40}{50} = 80\%$$

製作資料圖表

　　將資料畫到表現圖會有助於解釋你已蒐集到的資料，你可看看學習曲線，它讓你立即且很容易地就瞭解學生的表現，而不是只看到一系列的號碼而已。

　　有些教師喜歡將表現圖與資料蒐集表列在紙張的同一面上，而有些則較喜歡將資料表列在紙張的另一面上，或全部的資料表各列在不同的紙張上。再次強調，以最適合你的方式來使用這個系統。使用表格（表 10-6）時，簡單地以蒐集資料的日期來標示橫軸，點上小點代表一天或一系列的資料。用線段連接資料點，然後你就有學生在該項特別活動的學習曲線了。

其他類型的資料蒐集

　　雖然百分比－正確度的資料在大多數的情況下都相當有用，但你可能要蒐集有關學生在某一特定技能或活動的其他型態的表現資料。表現資料可用許多的變項來蒐集：

1. **頻率與速度**：頻率告訴訓練者在一定的期間內行為發生的次數（例如，在一定的工作時間內，組合電路板的數目）。速度是由頻率除以此期間的分鐘數，其結果為每分鐘的頻率。

2. **持續時間**：持續時間評量某一行為持續多久或行為發生的時間長度。（例如，有關某一項行為發生多久，可能需要資料來決定某一教學策略是否有效。蘿瑞用左手做事，「蘿瑞是左撇子嗎？」，答案可能是或否，但我們往往需要更多的資

表 10-6　工作單 22
ICSM 資料匯整圖

學生：<u>偉森</u>　　　活動：<u>貼標籤</u>　　　成功標準：<u>100％正確</u>

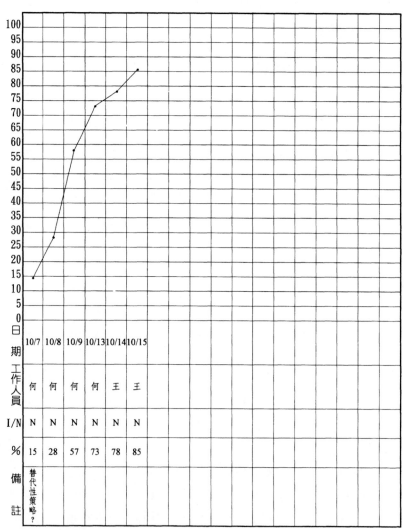

＊I＝教學環境　N＝自然環境

料，如：「蘿瑞使用左手多久了？」）

3. **反應潛伏期**：評量反應潛伏期提供有關時間、刺激與反應之間的資料，例如在櫃台人員問「我可以為您效勞嗎？」之後，蘿瑞需要多久的時間才說出她要點的菜。

建立修正標準

沒有一個神奇的公式會告訴你教學課程是否需要修改或何時需要修改，這種需要對每個活動與學生都不相同。但是，你必須能決定什麼程度的表現即是成功。如果你既沒有建立標準程度，而且平常也沒有記錄與評估資料，你可能認為學生並沒有在學習，而事實上他們正在學習當中；或者你可能提早停止教學，認為他們已學會了，但事實上他們尚未習得技能。

有許多的方法可建立評量與評估教學課程的效用標準。大多數的方法有一些共通特性，修改標準是：

1. **客觀的**：依據表現資料。

2. **自由的**：沒有固定的成功程度；但是決定是按健全的教育判斷而下的。

3. **彈性的**：提示可隨著表現資料而更動。

有關適當的標準程度，你可從自然環境中找到線索，社會對行為的接受程度有很大的彈性，依據活動與場合而定。例如，在電影院中大吵、嘶吼的行為是不適當的，但在棒球場或足球場絕對是正常的。（當藥劑師試圖讀出藥單上的處方時）每個人對於字體潦草的接受度都不相同。某些活動對成功的標準有很大的彈性（如寫字、社交行為、烹飪、儀容等），但即使是以寬大的標準，社會總

是有些成文或不成文的準則（例如，在球賽中有太吵的行為、寫字太潦草、食物沒煮熟或煮太久等。）

有些活動則需要嚴格的成功標準，例如，在某些飯店的女服務生，必須要以非常精確的清潔標準來清理房間，每次必須達 100％的正確度。過馬路，因為可能有危險，是另一項每次必須達 100％正確度的工作。在醫院的供應中心貼標籤必須每次達到 100％的正確度，否則病人會買到他們無法使用的東西。

決定標準牽涉到分析某項技能的自然偶發事件與指定合理的百分比或數字順位，以表示學生有成功的表現。達到熟練的標準程度可以是連續五天達百分之百正確度，或者，如果允許有一項人為的錯誤或個人特質，可以是連續三天達百分之九十的正確度。再次提醒你，沒有錯誤或正確的答案，你必須要選擇合理且符合邏輯的程度。

當你在建立修改標準時，你決定在哪一點上才算是熟練技能，以及在哪一點上才算學生的表現為不可接受的程度。例如，如果約瑟夫正在學習自己進食，而他在十次的嘗試中只有二次將湯匙送到嘴裡（或者達 20％正確度），相對地他的成功經驗非常少。

個別化重要技能模式基於如果學生沒有在學習，則需要更改教學課程（或者有關提示、結果或反應期望）以確保成功。何時必須進行修改視先前建立的標準程度而定，在第十二章中將討論如何進行修改。

一般而言，你的學生的表現應該一直保持在50％正確度的程度以上。如果他們無法做到，則表示他們失敗的經驗超過成功的經驗。修正標準應該在介於百分之六十五與七十以及百分之八十五到一百之間的範圍。

如果你能將學生表現程度的範圍（在此範圍內表示已達到適當的學習）變成易於視覺的查看（即將它畫成圖表），則學生的表現在範圍之上或之下，表示你的部分（提供更多或更少的協助）需要

修改了，直到學生成功為止。

類化測試（*Generalization Probes*）

　　身心障礙者的教學課程之目的不僅是增進其在教學環境的學習，而且也確保將技能類化到自然環境中。教師要系統化地蒐集學生在未被用來當作訓練或教學環境中的表現資料。例如，如果葛瑞正學習在學校的自助餐廳和在某位老師的家裡打掃，則應該經常在那些沒被當作訓練環境的環境中（如，他的家、某家餐廳、他的教堂等）測試此技能，以決定他是否能在需表現此活動的各種不同環境中正確地掃地。測試提供你有關學生在類似但未受訓過的活動情境之表現資料。

❖　摘要

　　教學課程是預先計畫並以書面正確地描述你想要學生做什麼與你如何引出、維持或校正學生的反應。在進行教學前發展教學計畫表，計畫表明確地敘述教師期望的學生表現，並列出你會用以增進反應的人為提示、校正或結果。

　　要決定教學計畫是否有效必須要蒐集學生的客觀資料，可蒐集學生在重要活動中的表現，以及頻率、速度、持續時間與反應潛伏期。任何你所發展的資料蒐集系統應是精確的、可信賴的、相關的、實際的與有效的。一旦蒐集了資料，可將其畫成圖表以便查看與解釋。

　　建立修改的標準以呈現學生表現的範圍，此範圍指出學習正在進行，以及教學以適當標準進行使學生持續學習。當學生的表現落在高於或低於所建立的標準範圍時，則必須要修改教學方法。類化測試應該定期執行以評量學生在類似但未被訓練過的重要活動中之

表現。

　　在下一章中我們會看看如何有效地排定時間表與實施教學課程和評量系統來增加教學時間。

參考書目

Billingsley, F. & Romero, L. (1983). Response prompting and the transfer of stimulus control: Methods, research, and a conceptual framework, *The Journal of The Association for Persons with Severe Handicaps, 8*, 2 : 3-12.

Donnellan, A. (1984). The criterion of least dangerous assumption, *Behavioral Disorders, 9*: 141-150.

Donnellan-Walsh, A., Gossage, L., La Vigna, G., Schyler, A.& Traphagen, J. (1976). *Teaching makes a difference.* Santa Barbara, CA: Santa Barbara County Schools.

Falvey, M. (1986). *Community-based curriculum.* Baltimore: Paul H. Brookes Publishing Co.

Falvey, M., Brown, L., Lyon, S., Baumgart, D. & Schroeder, J. (1980). Strategies for using cues and correction procedures. In W. Sailor, L. Brown, and B. Wilcox(Eds.). *Methods of Instruction for Severely Handicapped Students,* Baltimore: Paul H. Brookes Publishing Co.

Ford, A., Mirenda, P. (1984). Community instruction: A natural cues and corrections decision model. *The Journal of The Association for Persons with Severe Handicaps, 9*, 79-88.

Hamre-Nietupski, S., Branston, M. B., Ford, A., Stoll, A., Sweet, M., Gruenewald, L., & Brown, L. (1978). Curricular strategies for developing longitudinal interactions between severely handicapped and nonhandicapped individuals in school and nonschool environments. In *Curricular strategies for developing longitudinal interactions between severely handicapped students and others and curricular strategies for teaching severely handicapped students to acquire and perform skills in response to naturally-occuring cues and correction procedures,* edited by L. Brown, S. Hamre-Nietupski, S. Lyon, M. B. Branston, M. Falvey, and L. Gruenewald. Madison, WI: Madison Metropolitan School District.

Horner, R., Meyer, L.& Fredericks, H. (1986). *Education of learners with severe handicaps.* Baltimore: Paul H. Brookes Publishing Co.

Savage, S. (1981). *Instructional programming in natural environments* (Revised 1983). Sacramento: California State Department of Education.

Savage, S. St. John, H., Goldie, B., & Barry, K. (1980). *Instructional programming for the severely handicapped: A functional skills approach.* Sacramento: California State Department of Education.

Snell, M. E., (Ed.) (1983). *Systematic instruction of the moderately and severely handicapped.* (2nd ed). Columbus, OH: Charles E. Merrill Publishing Co.

Sulzer-Azaroff, B. & Mayer, G. (1977). *Applying behavior analysis procedures with children and youth.* NY: Holt, Rinehart and Winston.

White, O. (1980). Adaptive performance objectives, In (Eds)W. Sailor, B. Wilcox, L. Brown *Methods of instruction for severely handicapped students.* Baltimore: Paul H. Brookes Publishing Co.

第十一章
排定課程時間表與實施教學課程

為了充分闡述最少危險假設，教育者應該利用最接近一般非學校環境中的各種不同教學情境安排來進行教學，而且應系統化地教導學生在無指導人員的情境下表現此技能。除此之外，教育者應該假設教學期限對學生的表現有不利的影響，而且應該藉由減少一對一教學的依賴，將教學期限的量減至最少。

杜乃倫（Donnellan, 1976, p. 145）

這種景象有何錯誤？
在速食店點餐是約書亞的個別化教育方案中的目標之一，因為時間排定與策劃及支援的紊亂，約書亞上學期只有一次機會在速食餐廳點三次餐。他的老師覺得他可能會將點菜的過程類化在學校的自助餐廳。年終評估時，約書亞被帶至附近的速食餐廳但他卻不會自己點午餐。

❖　起步工作

　　在此階段，你對於每一個學生的教學需求，每個學生的教學課程，甚至你可能對教學課程要如何進行將會有一個較清晰的輪廓，但是你可能還是會問自己，「我們怎能爲某一位學生做所有的事，而不管其他的十個學生？」你不是唯一思考安排時間問題的人。在你尚未開始排時間之前，你可能想要放棄了，其他的人則認爲排時間表在剛開始時似乎不是重大的工作。但是，安排時間表是一個複雜的過程，而且一定要有所妥協。沒有人能發展出完美的時間表，但是你可以做得更接近完美。

　　排定時間表的目的在於最有效率地利用每一個教學日以提供每位學生最多的教學活動。要排定涉及很多重要活動、技能、各種的自然環境、及許多可協助訓練工作人員的課程比傳統課程來得不容易。傳統的課程中通常將所有的學生以小組或大組方式排進固定的時段裡，而各課程領域（例如，語言、音樂、生活自理、粗大動作等）被分配到這些時段中。大部分或所有的教學在課堂上進行，而教師通常只爲另一位工作人員，即助理教師，安排課程表。

　　在安排社區本位課程時間表與工作人員時會遇到更多的難題，但是就許多方面而言，它也是較有效的課程。在個別化重要技能模式中安排課程時間表，通常會去確定每位學生的教學課程被安排在相關的訓練環境，在自然發生的時段中有可以配合的教學群及易於融入自然情境的組群來進行。

　　在安排任何社區本位的活動時，你必須遵從學區的校外教學政策。加州對社區本位教學並沒有統一的慣例，在排定時間表與實施課程之前，課堂的教師必須請示學區的行政人員、教育委員會、州議會等以全面了解所有的資訊並獲得許可。這並不是都可輕易做到

的，但絕對是必要的。許多有關社區本位教學的法律與策畫問題在荷洛華屈（Holowatch）的實施社區本位教學：個別化重要技能模式的資源指南（Implementing Community-Based Instruction:A Resource Guide for the Individualized Critical Skills Model, 1984）一書中有深入的討論。遵從地區與州的政策在發展與實施社區本位的教學上，是全面強制執行的。

重要因素

要在你附近的地區內進行有關社區本位教學，在計畫課程時間表時，你需要考慮許多要素：

1. 督導學生的方針。
2. 學生的個別需要。
3. 學生的人數。
4. 可利用的人力資源。
5. 人力資源的訓練程度。
6. 可同時編成一組上課的學生。
7. 可教導各種重要活動與技能的相容環境。
8. 訓練環境中身心障礙者與非身心障礙者的自然比率。
9. 可能使用的交通工具。
10. 場地時間表－必須花在學校的時間總數，個別學生的，一小組學生的，或全班學生的（包括物理治療師，職能治療師，體育以及與正常同儕互動的活動）。
11. 從一個活動到另一個活動的轉換時間。
12. 目標活動的自然發生時間。
13. 活動的時間長度。
14. 所有學生的適當活動範圍，不論是校內的活動或是校外的活動。

自然或教學環境中的教學課程在優先順序上永遠都是第一順位

的。上述這些事項已經被決定之後，再考慮教室內的教學。

為學生排時間，而非為工作人員

　　當教學在自然環境中進行得越來越多時，工作人員的喜好與一時的興致對排定時間的影響會較少。你是否經常聽到教師們說他們將「困難的事情」（不管「困難的事情」指什麼）排在午餐之前？一就好像在 11:30 − 12:00 之後學習就停止了似的。

　　在較傳統的課程中，「較輕鬆的」學科（音樂、藝術與工藝、體育、休息時間、甚至午休）通常都被排在午餐之後。課堂中較平靜與輕鬆的午後氣氛暗示學生與觀察者這一天的教學已經結束了。教學可能已經停止了，但是學習卻不然。這些學生正在學習的是被動地接受任何的休閒活動－把燈關小在小床或小毯上待一或二個小時的「安靜時刻」直到校車來爲止。

　　在個別化重要技能模式的教學過程中，你在排定一天（或一週、一個月）的教學時間表時，要多考量目標活動在何時自然發生。在自然時間表的限制範圍內，仍有很多的彈性。

❖　安排課程時間表的七個步驟

　　爲了協助你發展課程時間表，個別化重要技能模式建議了七個可供你參考的步驟。再次提醒你，這些步驟只是建議，當你在爲工作人員和學生安排課程時間表時，你當然會想要從過去的經驗與目前的實施情況中去找出最合適的方式。

　　安排時間與人員在自然環境中進行教學牽涉了七個步驟。

步驟 1：按個別化教育方案的目標與訓練環境編組

　　找出所有個別化教育方案所涉及的活動地點，並完成每個學生

的個別化重要技能模式教學計畫表。封面表格能提供你暫時以訓練環境或教學環境將學生編成不同組別所需的資料。記錄每個學生的教學環境與重要活動。「訓練環境編組表」（表 11-1）在編寫相關資料時可能相當有用。

在表中的第一格，填入環境、學生姓名、重要活動與（如果適用的話）活動的自然發生時間。在第二格，寫下同一個學生的第二個訓練環境與第二個活動。繼續將第一位學生的新環境與活動寫在不同的空格內，直到所有的教學課程都被記下為止。以同樣的方式記錄每個學生的資料，直到你班上全部學生的所有社區教學環境與活動都被列下了。

列出所有的資料之後，看看每組的學生，並確定下列事項：

- 這些學生能共同上課嗎？如果不能一起教導這群被列在某一活動之下的學生，則在排定時間上你必須採用一些變通的方式。有些學生可能有一些理由無法共同上課：如，需要的身體引導量、行動能力、行為、需要的介入量等。
- 這些活動能同時進行嗎？能在購物中心教導學生買東西、在群眾中行走與搭乘電梯嗎？如果不能，則需要考慮不同的時間表。
- 是否太多學生接受同一個活動的訓練？如果學生的人數太過龐大以致於不易管理或不適於活動，你需要將此群學生分成兩組較小的訓練群。

當你較常在自然環境中教學時，你要對「群體對環境」以及「環境對群體」的影響相當敏感。在自然環境中進行教學當然與戶外參觀旅行不同。群體的大小應該以適於在集中的教學情境中出現為佳，最好是在此環境中的其他人不會因重度身心障礙者而分心，造成不方便或給予過度補償。如此環境才會保留給學習者一個自然的情境。

表 11-1　工作單 23

訓練環境分組表

環境：購物中心 學生／活動／時間 羅瑞：買東西，隨時 強：在人群中走動，隨時 貝絲：搭乘電梯，隨時	環境：速食店 學生／活動／時間 羅瑞：點餐／吃午餐，午餐時間 強：用餐，午餐時間 迪克：點餐／上廁所，午餐時間 瓊：用餐，午餐時間	環境：電動遊樂場 學生／活動／時間 強：玩遊戲，隨時 瓊：買可樂，隨時 莎莉：玩遊戲，隨時 鮑伯：玩遊戲，拿零錢，隨時	環境：假日旅館 （工作地點） 學生／活動／時間 羅瑞：清掃房間，下午 貝絲：清掃房間，下午 喬：洗衣，下午 莎莉：洗衣，下午
環境：醫院（工作地點） 學生／活動／時間 強：裝箱，早上 迪克：分類／裝箱，早上 瓊：洗衣物，早上 鮑伯：洗衣物，早上 格雷：清掃房間，早上	環境：電影院 學生／活動／時間 羅瑞：搭車、買票，下午 迪克：找座位，下午 鮑伯：買零嘴、找座位，下午 喬：找座位，下午	環境：雜貨店 學生／活動／時間 羅瑞：購物，隨時 瑪莉：購物，隨時 格雷：選擇東西／購物，隨時 貝絲：選東西，隨時	環境：家庭式餐廳 學生／活動／時間 莎莉：選擇／點菜，午餐時間 喬：點菜／用餐，午餐時間 瑪莉：點菜／用餐，午餐時間
環境：_____ 學生／活動／時間	環境：_____ 學生／活動／時間	環境：_____ 學生／活動／時間	環境：_____ 學生／活動／時間

　　例如，當莎莉帶她班上的學生打保齡球時，球館的工作人員給予過多的協助。他們告訴學生不需要付錢，而且記住了班上的學生人數，因此學生不需要取保齡球鞋，自然環境變成不自然與不真實的學習經驗。由於每個學生的長程目標是週六或假日能獨立地在附近的保齡球館打保齡球，此十六個學生在四條相鄰的球道打球時，通常會引起旁觀者的好奇，減少群體的人數並且要求付一般的價錢與取球鞋，如此這些學習經驗才會再次變成自然的學習情境。

步驟2：找出固定與彈性時段

　　回顧場地時間表以決定特定時間發生的事情。午餐、到達與離開的時間一般都是固定的，在排定時間表時必須優先考慮。當你排定統合場所的時間表時，要試著讓身心障礙學生與非身心障礙學生的時間表盡可能一致，因此，要排定全部的學生都有機會互動的時間。

　　問問你自己，非身心障礙的學生何時：

- 來到學校？
- 課間休息？（使用廁所、飲水機）
- 休息？
- 吃午餐（早餐）？
- 在校園／運動場活動？
- 使用點心區？
- 等候校車？
- 離開學校？
- 參加會議、集會？

　　先確定個別學生或一群學生必須在學校或課堂的時段，這些時段為固定時段，在「固定與彈性時段表」（表 11-2）上記下這些時間。要注意，有時你可能覺得某些學校或課堂的活動是固定的，事

實上，它們並非如此。例如，你可能非常習慣年幼的學生午飯後的休息時間，你認為這是固定時段，事實上，任何活動都可能排在此時段。

非固定的時段（即是「彈性時間」）是那些可給某些或全部的學生在自然環境進行教學的時間。在表 11-2 中只有 8:45 － 9:15 與 2:30 － 2:45 是固定的。三個學生的語言課（星期二與四）與午餐都在特定時間，但是並不意味著學生只能參與在校園中或課堂上的活動。

當確定哪一項活動要在固定與彈性時段中進行時，要考慮活動的自然發生時間與可能影響你做決定的後援問題。如果某位學生的重要活動為穿衣，則將教學安排在學生將校服換成體育服裝的時段（如到青年會游泳之前），與學生每隔一小時被帶到廁所做如廁訓練時來進行。對你而言，在自然發生的時間教導學生穿衣遠較在早上 10:00 在教室的一角進行單一活動要實際得多（對學生而言，訓練內容更相關）。

你或許也會選擇把在相近的時間內進行的活動排在一起。在實施社區本位教學時，交通問題往往是個令人頭痛的難題。如果學生能被安排參與相同環境的活動或鄰近環境的活動，則可能能減少許多交通問題。參加社區活動的學生群不能太龐大，你要讓他們溶進訓練場所，而不是突顯出來。要意識到在所有的訓練環境中身心障礙者與非身心障礙者的比例。

步驟 3：找出社區教學的資源

以一般的工作人員分配型態要在不同的環境提供良好的教學可能有困難，除非，我們在指定的特殊班級工作人員之外，再另尋人力資源。讓「社區教學」意謂著成為社區的一部分，並運用社區內所有可利用的資源。以腦力激盪的方式想出在彈性時段內，所有可能可以使用在社區教學的人力資源，甚至列出此時你可能還用不到

表 11-2　工作單 24
固定與彈性時段表

時　段	星期一	星期二	星期三	星期四	星期五	星期六
8:45~9:15　學生到校時間						
9:15~9:45		貝絲、強與瑪莉做語言治療		貝絲、強與瑪莉做語言治療	每月的最後一個星期五：全校集合看電影	
11:30~12:15　在學校吃午餐						
1:00~1:30	菲利普和雪莉上音樂課……二年級					
1:30~2:00		體　育		體　育		
2:30~2:45　校車抵達						

表 11-3　工作單 25
主要時間表

一週的天數：星期一與星期三

時間： 環境： 訓練者： 學生／活動：				
9:30~11:30 醫院 （教師、莉莎、詹姆士） —強／裝箱 —迪克／分類 —瓊／洗衣物 —鮑伯／洗衣物 —格雷／清掃	9:30~10:00 教室 （助理教師與義工） —雁瑞／整理儀容 —莎麗／整理儀容 —貝絲／整理儀容 —瑪莉／休閒 —瑪莉／休閒 10:00~11:00 購物中心 （助理教師，玲達） —雁瑞／購物 —莎麗／電動遊樂場 —貝絲／電梯 11:00~12:30 教室 （助理教師與義工） —雁瑞／休閒 —莎麗／休閒 —貝絲／休閒 —瑪莉／整理儀容 —喬／整理儀容	10:00~11:00 第五教室 （助理教師與義工） —喬／餐廳	10:00~11:00 第十教室 （比爾與助理教師） —瑪莉／商店	

表 11-3（續）　工作單 25
主要時間表

一週的天數：星期一與星期三

時間： 環境： 訓練者： 學生／活動：				
11:30～12:30 速食餐廳 （助理教師與義工） —雁瑞／用餐 —瓊／用餐 —迪克／用餐 —強／用餐	11:30～12:30 午餐室 （教師） —貝絲／用餐 —莎麗／用餐 —喬／用餐 —格雷／用餐 —瑪莉／用餐 —鮑伯／用餐			
12:30～12:45 助理教師休息 1:00～2:30 飯店 （教師、狄恩） —雁瑞／清掃 —貝絲／清掃 —喬／洗衣物 —莎麗／洗衣物	12:45～1:00 教師休息 1:00～2:00 電動遊樂場 （助理教師與義工） —強／購物 —鮑伯／玩遊戲	12:30～1:00 全體學生社會 課／團體與個 別的休閒 1:00～2:00 第十教室 （比爾） —格雷／商店 —瑪莉／商店 —迪克／休閒		

表 11-4　工作單 26
個別時間表

學生：羅瑞 _____

時　間	星期一	星期二	星期三	星期四	星期五	星期六	星期日
9:30～10:00	整理儀容	整理儀容	整理儀容	整理儀容	整理儀容		
10:00～11:00	購物	購物	購物	購買日用品、菜	電影、作菜準備		
11:00～11:30	休閒	休閒	購物	休閒	休閒		
11:30～12:30	速食	午餐─學校	速食	午餐─學校	速食		
12:30～2:30	飯店（工作地點）	飲店（工作地點）	飯店（工作地點）	飯店（工作地點）	飯店（工作地點）		

表 11-5　工作單 27
個別教學管理表

v ＝活動
no ＝沒機會
A ＝缺席
M ＝維持

學生：羅瑞

重要活動／技能

日期	整理儀容／梳頭	整理儀容／化粧	穿衣／前面／背後	購物	休閒／個別	休閒／團體	速食店—點餐	工作—清掃	電影	準備食物／簡餐		備　註
10/5	／	／	／	／	／	No	／	／	No	No		No ＝今天沒有排課
10/6	／	／	／	／	／	／	No	／	No	No		No ＝今天沒有排課
10/7	／	／	／	／	／	No	No	／	No	No		速食店；交通問題
10/8	／	／	／	／	／	／	No	／	No	No		No ＝沒有排課
10/9	A	A	A	／	／	／	No	／	／	No		A ＝上學遲到，校車的問題
10/12	／	／	／	／	／	／	No	／	No	No		No ＝沒有排課
10/13	／	／	／	／	／	／	No	／	No	No		No ＝沒有排課

的人。你的名單可以包含你學校的或他校的學生與教師、助理教師（你班上或其他班級的）、學校中的工作人員（辦事員、守衛等），自然環境中的人們、家長、義工、大學學生與其他的人員。

　　要確定此人的空閒時間，教學準備的程度（已經準備就緒了或是有一些頭緒，但尚未準備好要進行社區訓練），你需要做什麼行動計畫以使學生完全參與。當你在草擬你的主要時間表時，要使用這些資料。

　　有很多你可利用的人力資源，要有創意地發掘一些不按慣例行事的工作人員。你或許覺得，額外地花時間與他人交際並訓練他人以協助你實施教學課程，會花掉你要用在學生身上的時間。但是最後你會瞭解對你及學生都有極大好處。你的首要之事應是與他人交際並訓練他人協助你。

步驟4：發展一份暫時的「主要時間表」

　　第四步驟的目的是協助統合所有的個別化重要技能模式的要素，成為一張可實行且有效率的時間表。使用兩張先前的表格，確定時間、環境、訓練者、學生以及一週內不同日子的活動，並將其寫在主要時間表（表11-3）上。你可以一至五天、週末、或在家庭生活課程上使用主要時間表（例如，週一、週三、週五；週二、週四；週一；週三；週四；週五、週六、週日；或任何其他的組合）。

　　沒有一份時間表是完美的，但是盡力使其最接近你的理想是很重要的。要準備好做改變。排出學生需求之優先順序、確定時間表是符合學生的需要，而非以學生的需要來配合時間表。

步驟5：發展每一個學生的「個別時間表」

　　根據主要時間表，你可能希望在個別時間表上記錄每個學生的時間表。確定每個學生所有的時段都被包含進去了。你也要檢查看

看在個別化重要技能模式中，先前被排定優先順序的所有重要活動是否都包括了。

當你在與家長、指定教學服務人員以及義工談論時，個別時間表會是個方便的參考資料。父母與行政人員經常會要求副本，如此他們才知道某個學生的一週活動是什麼。

步驟6：實施時間表

下一個步驟是簡單地試試你發展的時間表。至少實施時間表兩週的時間，只有在每個人都已有足夠的時間適應之後，才決定需要做什麼修改。對學生與工作人員的反應要敏感。不要期望每件事情隨時都能按時間表進行，記下需要修改的地方。上上之策是慢慢進行，不要嘗試太多與太快。要放入一些情感、時間與精力去發展良好且可實行的時間表。最好要瞭解一定有需要修改的地方，並且要期待他們；而不是對你的時間表無法在一開始即順利進行便感到失望。你愈有經驗，過程就會愈簡單。

步驟7：監督課程的實施

因為你可能管理一群實施不同教學課程的訓練者，發展監控課程實施的系統會非常有用。個別管理表是一種簡單的檢查表系統，它可協助你監控每個學生的教學日（表11-5）。

將表格放在課堂上（或在容易取得的地方），如此不同的訓練者可以很容易地記錄課程有沒有實施。在工作人員會議中使用這些表格以提供回饋，並改進訓練者的效率以修正時間表。這只是個簡單的表格範例，你可以做任何變更以協助你一整天監督學生與訓練者在做什麼。

❖　摘要

　　排定社區本位課程的時間表可能是相當複雜的過程。你要確定每個學生的教學課程，在涵蓋眾多相關刺激特性的訓練環境與自然發生的時間中實施，並以可容易地融合於自然環境的教學群來進行教學。

　　實施社區本位教學首要考慮之事是遵從你的學區內有關校外教學活動的政策，顯然地因為責任問題，在實施之前一定要收到學區內的行政人員、教育委員會與州議會的許可。

　　安排工作人員在自然環境中教學有七項步驟：

1. 以學生個別化教育方案的目標與訓練環境來分組。
2. 確定何時個案或一群學生必須在學校或在課堂上（固定時間）與何時可在自然環境中指導個案或一群學生（彈性時間）。
3. 決定並訓練（如果有必要的話）彈性時段內可利用的人員（人力資源）。
4. 以相關的訓練環境、一天的時間（彈性時間）以及訓練者為依據，將學生分為幾個小組，並依此發展每天的暫時「主要時間表」。
5. 發展每個學生的「個別時間表」以掌握學生在教學日當中的行蹤。
6. 試著實施時間表，並繼續做必要的修改，如此時間表會對學生、你、與其他訓練人員有相當功效。
7. 監督每個學生的課程實施情況以確定課程按計劃進行，以及每個學生有最多的教學時間。

　　你應該持續地評量你的課程。詢問所有的訓練者有關時間表的效率與其有效性。當時間表很明顯地沒有產生效果時，不要因爲你已投注時間與精力在上面而堅持下去。另一方面，不要在有機會改進任何缺點之前，就斷然下決定。透過系統化的評量與修改，你會發展令學生與訓練者都滿意的課程時間表。隨著經驗的累積，排定時間表會變得更容易。

　　下一章，我們將看看一旦實行教學課程後，要如何評量與修改以確定學生熟練自然環境中的技能或活動。

參考書目

Brown, L., Ford, A., Nisbet, J., Sweet, M., Donnellan, A. & Gruenewald, L. (1983). Opportunities available when severely handicapped students attend chronological age appropriate regular schools. *The Journal of The Association for Persons with Severe Handicaps, 8* 16-24.

Donnellan-Walsh, A., Gossage, L., La Vigna, G., Schyler, A. & Traphagen, J. (1976). *Teaching makes a difference.* Santa Barbara, CA: Santa Barbara County Schools.

Falvey, M. (1986). *Community-based curriculum.* Baltimore: Paul H. Brookes Publishing Co.

Hamre-Nietupski, S., Nietupski, J., Bates, P. & Maurer, S. (1982). Implementing a community-based educational model for moderately/severely handicapped students: Common problems and suggested solutions, *The Journal of The Association for Persons with Severe Handicaps, 7,* 1: 121-126.

Holowach, K. (1983). *Implementing community-based instruction: A resource guide for the individualized critical skills model.* Sacramento: California State Department of Education.

Sailor, W., Wilcox, B. & Brown, L. (1980). *Methods of instruction for severely handicapped students.* Baltimore: University Park Press.

Savage, S. (1981). *Staffing and scheduling for natural environments.* Sacramento: California State Department of Education, Revised 1983.

Savage, S., St. John, H., Goldie, B. & Barry, K. (1980). *Instructional programming for the severely handicapped: A functional skills approach.* Sacramento: California State Department of Education.

Turnbull, A., Strickland, B. & Brantley, J. (1978. *Developing and implementing individualize educational programs.* Columbus, OH: Charle E. Merrill Publishing Co.

Van Bieruliet, A. & Sheldon-Wildgen, J. (1981 *Liability issues in community-based program* Baltimore: Paul H. Brookes Publishing Co.

第十二章 ━━━━━━━━━━━━━━
評量與修正教學課程

最少危險假設準則提供了教育者資料評估的
指南……一般而言，最少危險假設準則認
為：如果教師假設教學失敗是由於教學不
足，而不是由於學生的能力不足，則對學生
有較少的危險。

杜乃倫（Donnellan, 1976, p147）

如何知道你爲計畫與實施教學課程所花費的心力是否能全數得到回報？金恩在家是否正學習清理桌子？卡爾需多少時間刷牙？對詹姆斯而言，洗頭是否仍「太難」？要確定教學計畫是否有效（意即學生是否正在學習一些技能），你必須經常評量學生的表現。客觀的評量會顯示出你的學生是否有令人滿意的進步，以及你是否需要修正你的教學。目標評量也提供你與父母接觸的機會，對有關學生的進展與可能的修正策略做溝通。

❖ 如何評估教學課程

在第十章中，我們討論了如何建立每個教學課程的修正標準。低於修正標準範圍的表現，顯示學習並非按可接受的速度進行。你的修正標準應以邏輯、常識爲依據，並在自然環境中評量學生的表現。

一旦你設定了修正標準的範圍，接著你就可以評量學生的表現資料。有三項基本規則可以用來評量教學課程：

1. 如果資料點（data points，將學生的表現以小點在圖中標出，請參照圖 12-1、12-2 與 12-3）在標準範圍之內，則表示課程不需要做重大修改，學生按預期的速度在進步。

2. 如果資料點在標準範圍之上，則表示學生熟練教學過程中的某一特定階段，而且已經準備就緒要進入教學課程的下一個獨立程度，或是在自然環境中維持技能的試驗（測試是否能類化至自然環境）。

3. 如果資料點在標準範圍之下，則表示學生並沒有按預期的速度進步，而且課程需要被修改。

舉個例來說吧，珊妮的老師設定在連續五天內，珊妮拿起湯匙並將它放到嘴巴內能達 95％ 的正確度，或是比此標準更好的表現，

為自行進食的成功標準。他設定在連續二天內達 70％ 的正確度，或是更低為未達標準。只要珊妮的表現在標準範圍之內，她的教師就能非常肯定她是按可接受的速度在學習。圖 12-1 所呈現的是珊妮的表現資料，這些資料指出她按預期的速度在進步。注意她落在教師所設的標準以上和以下的表現，但是這些點一次並沒有超過一天，因此沒有超出範圍。

要注意那些幾週以來的表現一直平穩地停留在可接受的範圍內，但從沒高於成功標準的學生。如果沒有一般的進步跡象，而是一段長長的高原期，你應該把這些訊息當作是學生已達失敗的標準。教學課程必須要修改以協助學生熟練目標技能。

圖 12-2 是珊妮的表現圖，此圖中珊妮表現她的學習高原期：平穩與可預期的表現。當高原期發生時，你需要修改結果（藉由給予更強力的增強物）或刺激（藉由給予更強力的暗示或提示）以協助學生趨於更熟練，而不是維持現狀的表現。

圖 12-3 是另一張珊妮的表現圖，此圖中學習並未以預期的速度進行。有幾天她的表現在可接受的範圍之內，有連續兩天她的表現未達可接受的程度。教學課程需要修改以協助她達到期望的目標。

❖　如何修改教學課程

當學生在特定的教學情境之下已達標準，或是當課程已經無效而且學生並沒有按期望的速度進步時，需要修改教學課程。

當你的學生已達到教學標準時，你的課程已經成功了。你要一直修改你的課程，直到你期望的反應藉由自然刺激建立起來為止。有許多的方法可以達到如此。

表 12-1

ICSM 資料匯整圖

學生：＿＿＿＿＿＿ 活動：＿＿＿＿＿＿ 成功標準：＿＿＿＿＿＿＿

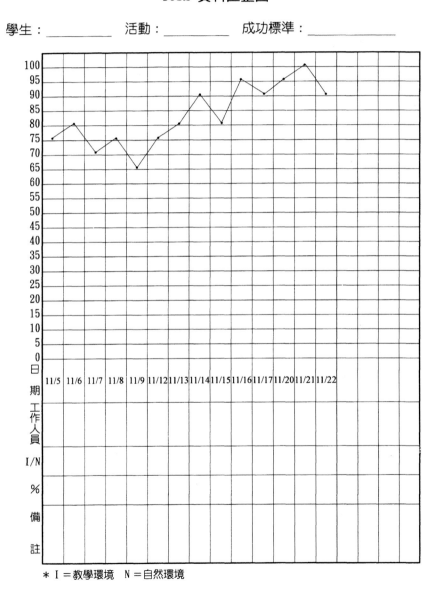

＊Ｉ＝教學環境 Ｎ＝自然環境

表 12-2
ICSM 資料匯整圖

學生：_____ 活動：_____ 成功標準：_____

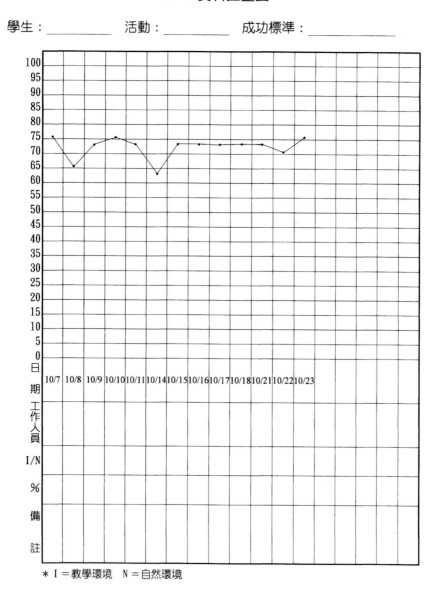

＊ I ＝教學環境　　N ＝自然環境

表 12-3
ICSM 資料匯整圖

學生：＿＿＿＿＿　　活動：＿＿＿＿＿　　成功標準：＿＿＿＿＿＿

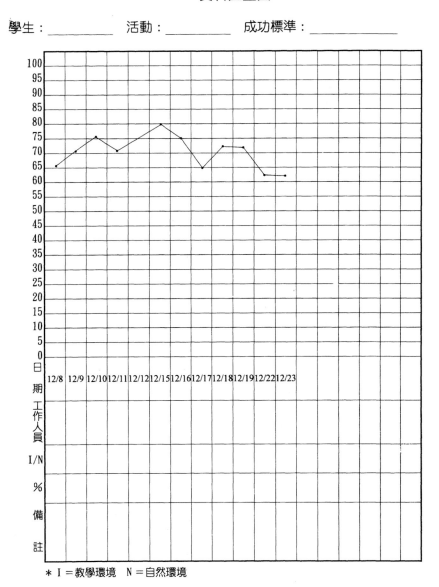

＊ I ＝教學環境　　N ＝自然環境

當學生已經達到標準時

1. 將教學提示減少到較不具干擾的程度，或是轉換到自然刺激之中。你可以藉由實施訓練測試來決定提示的下一個適宜的程度。以數種的提示程度來執行幾個測試，決定最不具干擾程度的提示，而這種程度的提示會引起反應。

2. 將增強物減少至最不具干擾的程度，或是轉換至自然結果之中。實施訓練測試來決定增強物的下一個適宜的程度。使用數種程度的增強物來進行幾個測試，以決定最不具干擾性的增強物，而這種增強物會維持反應。

3. 減少給予增強物的比率。增強時間表從持續性的轉移到間斷性的（如，從每次一有正確反應即給予獎勵，到每兩次，到每三次等依此類推。）

4. 在學生沒有受訓過的自然環境中進行「類化測試」，以確定他能在類似但不完全相同的環境中表現此活動。

當學生尚未達到標準時

　　當學生的學習曲線落在標準之下時，則表示目前使用的可能情境不足以維持住反應。因此，當你在決定如何修正教學課程時，有許多的變項是你可以考慮的。

1. 要確定所有的訓練者都一致地實施教學課程。如果提示、校正或增強物（在學習的最初階段），不是每次都以相同的方式呈現給學生，則學生的反應可能會變得不一致，而且不會按預期的速度進步。

2. 給予學生足夠的教學時間，讓他們有充足的練習機會以維持住曾學過的技能。在學習新技能時，一週接受一次或次數更少的指導，對於要學會這些新步驟來說，時間可能不夠。

3. 如果你正在使用校正程序，要使用記錄中最具干擾性的提

示,並將其改變到提示過程。在學生做出反應之前給予提示,而不是之後。

4. 如果你正在使用提示過程,要使用比目前所使用的更具干擾性的提示,但是要比先前已不用的提示稍微不具干擾性。例如,以身體引導協助泰瑞莎將湯匙從盤子上送到嘴裡,目前她已有足夠的進步。所以,你要改變爲輕微的身體引導,例如:輕拍其手,做爲下一個提示的程度。如果在第二階段,泰瑞莎的進展停頓了,可能是因爲你褪除提示太快了。你需要退回一些,在輕拍其手與完全肢體提示之間(例如:提起泰瑞莎的手與湯匙到離她的嘴四英吋的距離,再放手),給予提示以引出期望的反應。

5. 如果提示與校正很明顯地不能使課程更有效,則要檢視已使用的教學結果。可能是你所選擇的增強物不足以引起動機,或不夠強烈以維持住期望的反應。進行訓練測試,以確定哪一項增強物能維持住期望的技能水準。

6. 如果你已經修改了教學的可能情境,但是學生仍然沒有充足的進步,或許是在太短的期間內要求學生太多了。要考慮反應或技能是否可以分成更小的要素。舉個例來說吧,如果諾門正在學習從自助餐廳點菜的隊伍移動輪椅到餐桌旁(大約三十呎的距離),最初你的期望可能是移到一半或三分之一的距離(十到十五呎),等到他會移到此距離之後,然後再增加下一段十到十五呎的距離。

7. 如果你正在教導學生學習全部的活動(total activity),你可以看看是否有某一個要素比其他的更需要教師一再地糾正。例如,強森在做花生三明治時,一向需要教師使用程度一或二的校正程序來指導他開罐。因此,可能是此要素需要再進一步細分,要透過其他活動或單獨的練習讓他有更多的練習機會,或是發展替代/輔助性策略。

評估與修正替代性／輔助策略

當你評量學生在教學課程中的進展時，你也需要分析使用替代／輔助性策略的效益。你可以問問自己在選擇替代／輔助性策略時（回顧第六章）所問的相同問題。意即你想要知道：

- 此替代／輔助性策略是否有效（是否學生表現出期望的反應）？
- 此替代／輔助性策略是否可用在自然環境之中？
- 此替代／輔助性策略是否會引起別人對學生有不當的注目？
- 此替代／輔助性策略是否可修改為

1. 讓學生更完全地參與（能比他或她目前表現更多的活動）？
2. 更有效地表現此活動（更快與更好）？
3. 在自然的可能情境下表現此活動？
4. 表現更多的活動？

如果你確定替代／輔助性策略需要被修改，則以修改教學課程的方式來進行。系統化地改變替代／輔助性策略是要根據你的最佳教育判斷而定。使用替代／輔助性策略並記錄它的效果，再次評量替代／輔助性策略，如果必要則繼續修改。此方法可同時應用在活動與肢體的替代／輔助性策略。

❖　實施課程改變

當你在修改教學課程時，那句古老諺語「一試、再試」真的掌握了真理。你不會總是在第一次或甚至第二次課程改變時即成功，但是系統化地應用學習原理與一致的教學風格，你會看到你學生的進步。對實施課程改變有一些一般性的指南：

課程改變之指南

- 一次只修改教學課程的一部分。如果你把提示、期望的反應、教學結果以及替代／輔助性策略通通一起做更改，將很難找出哪一項修改對學生進展的改變有關連。緩緩進行，如此你才可以系統化地增加或減少教學協助。用這種方法你會學到哪些東西對某位學生會或不會有作用，這些資訊對你未來的計畫會有很大的助益。
- 有任何更動要通知你的工作人員。有時這工作可能甚至需要角色扮演以說明新的提示、校正等。
- 要監督工作人員的表現以確定改變被正確地實施。
- 給予充足的時間以評量改變。每次你做了重大的修改（細分步驟，從校正移到提示等等）要建立新的標準，並將標準應用在改變。不要以一次的試驗或在一天內決定修改的課程是否有效。

如何表示課程的修改

一旦你已決定要做的改變，你要在教學計畫表與資料摘要圖上指出這些改變。在教學計畫表上，劃掉所有被改變的教學提示、校正、結果或反應，並在同一格子中，劃掉的線上，寫下改變的東西。記錄你修改的內容。在資料摘要圖上，你可以畫一個「｜」在資料修改的地方，不要連接最後的資料點與代表修改課程的新資料點。

❖　摘要

　　要決定教學計畫是否有效，你需要經常評量學生的表現。評量學生的表現首先要完成的是設定標準程度，藉此你可以確定學生是否以令人滿意的速度進步，然後將標準程度與學生表現的資料以圖表呈現出來。如果學生的表現在某些特定天數之內高於或低於可接受的表現範圍，則你需要改變教學課程。

　　課程的修正可以系統化地進行。一次只改變一或二項教學課程的要素，而且在做任何其他更動之前應評量每次課程修正的效益。等到學生能在自然的可能情境中表現技能或活動之後，課程才應該被修正。

　　下一章，我們將看看如何評量學生整體性的進展。

參考書目 ———————————————————

Haring, N., Liberty, K. & White, O. (1982). Rules for data-based strategy decisions in instructional programs: Current research and instructional implications. In W. Sailor, B. Wilcox and G. T. Bellamy, (Eds.). *Methods of instruction for severely handicapped students.* Baltimore: Paul H. Brookes Publishing Co.

Horner, R., Meyer, L. & Fredericks, H. (1986). *Education of learners with severe handicaps.* Baltimore: Paul H. Brookes Publishing Co.

Snell, M. E., (Ed.) (1983). *Systematic instruction of the moderately and severely handicapped.* (2nd ed.) Columbus, OH: Charles E. Merrill Publishing Co.

第十三章
評量學生整體性的進展

　　有時教師太注意學生的個別表現，以致於忽略了從整體觀點來看學生。

校長：歐德林現在的表現怎樣？

教師：歐德林目前在工作場所真的做得很好，監督他工作的上司覺得他和其他的工作者能力相當。

校長：聽到這些我非常高興。她姨媽在學校開放參觀日跟我聊了一下，向我提起她非常盼望暑假的來臨，暑假歐德林都跟她住，因為他們搬到一個有大花園的活動屋，花園內有一個非常大的游泳池。

教師：噢！對了，他母親要我們加強他的游泳技能。我們忙著帶他出去工作，因此將這件事擱在後頭了。

　　聽起來好熟悉吧？歐德林的教師並不是有意忘記，也並非冷淡地拒絕讓他參與目標活動。但是，她非常熱衷於他目前在某一領域的進展，以致於暫時忘記要提供全面性（涉及所有領域）的教學。

　　這裡是另一個情節的大綱。

教師甲：嗨！你是瑪麗莎的新教師吧？我在五年前曾經教過她。

教師乙：真的呀！那她當時的表現怎麼樣啊？

教師甲：除了我們好像花很多時間教她刷牙之外，有很多事我已不太記得了。

教師乙：真的啊！我們現在還是花了不少時間在教她刷牙。

　　又是另一幅熟悉的景像吧？很可能。同樣的，瑪麗莎現在的教師並沒有特別疏忽他的教學職責。他正在教導家長認為重要的活動，而且在相關的情境中進行，但是他沒有發現的是：瑪麗莎有關這項技能的學習經驗記錄。

　　這兩種情況顯示出謹慎與系統化地評量學生整體性的進展之需要。個別化重要技能模式的第九階段（最後階段）強調回顧學生在

所有領域中的表現。我們將以兩種方法來做這樣的回顧。

❖ 個別化教育方案的追蹤

評量學生表現的一項有效方法是定期計畫個別化教育方案的追蹤時間，追蹤個別化教育方案能協助你：

1. 確定你的學生現在是否在其父母所決定的自然環境中參與重要活動。
2. 確定你的學生被允許參與重要活動的時數。（是否參與的時數隨著學生獲得較多的技能而增加或減少？）
3. 確定你的學生得到何種形態的協助。
4. 協助你學生的父母解決任何問題。
5. 確定是否有其他的活動或技能變得重要了。
6. 與你學生的父母做進一步的溝通與合作。

追蹤過程不需要冗長或麻煩。為協助你進行此過程，你可以選擇使用個別化教育方案追蹤表格（表 13-1）。要如何完成表格敘述如下。

如何完成個別化教育方案追蹤表格

1. 完成表格最上頭的資料（姓名與電話號碼）。
2. 寫下課程領域（居家、職業、娛樂或一般社區生活）。每一個課程領域使用不同的表格。
3. 建議個別化教育方案追蹤工作至少每月執行一次。如果與家長之間有更多的接觸，可能在教學成果上會獲得更多資料。
4. 在適當的空格內填入「重要活動」。如果某一課程領域中有一項以上的重要活動，要留些空間以備他日蒐集資料之用（可選擇每一個重要活動使用不同的表格）。

表 13-1　工作單 28
個別化教育方案（IEP）追蹤表

學生：潔希・阿爾＿＿＿＿＿＿＿＿

家長／撫養人：阿爾夫婦＿＿＿＿　電話：＿＿＿＿＿＿＿＿

其他重要人員：＿＿＿＿＿＿＿　電話：＿＿＿＿＿＿＿＿

課程領域：居家＿＿＿＿＿＿＿＿

重要活動	日期	學生是否曾參與此活動	多少次？	提供何種協助？	你需要協助嗎？	在此領域中的說明／問題／其他重要活動
如廁訓練—保持褲子乾爽	1989.1.14	是	每週4~5天	每二小時坐在馬桶上。	不	偶爾潔希會不要坐在馬桶上，晚上仍然包尿布。
穿衣—穿上襯衫	1989.1.14	是	每天	媽媽將上衣套到頭上，潔希自己拉下上衣。	不	告訴她母親讓潔希多做一些。
早餐—倒麥片與牛奶入碗內	1989.1.14	否	——	「對我而言，這件事簡單多了。」（不喜歡髒亂）	是	她母親表示如果我們在學校教她做這件事，她在家也會教她。

5. 在適當的空格內記下打電話聯絡的「日期」。如果要聯絡一人以上（撫養人與其他的重要人員），也要在此欄記下他們的名字。

6. 詢問被聯絡的人是否學生已經參與過此活動，記下是或否。如果回答為「否」，你可能，要確定此活動是否與為何仍是「重要活動」。

7. 如果第六項的回答為「是」，要詢問自從你上次聯絡過後，學生參與此活動幾次了。

8. 確定學生得到何種型態的協助。此點應該是你的教學成果反映或是被反映在你的教學成果中。這些資料會協助你和你所接觸的人確定教學成效。

9. 詢問你所接觸的人他們是否需要任何協助。記下「是」或「否」。

10.在最後一欄，記下你所聯絡的人之意見或問題。隨時詢問自上次與家長會談之後，在此課程領域中是否有其他的重要活動產生。

❖ 重要活動記錄

　　另一種評量學生整體性進展的方法是，簡短地記錄學生已接受指導的重要活動。此記錄需要一年更新一次資料（每年回顧一次個別化教育方案在時間上是合乎常理的）。完整的記錄會提供你與後來的教師一個概念：已經教過哪些活動與技能、使用過哪種替代／輔助性策略，學生的表現水準，以及教師和學生的訓練比率。表13-2 是已完成的重要活動記錄的範例。

　　每一領域要有一個記錄。正因記錄是一年更新一次資料，所以必要時要增加頁數，因此記錄結果即是依學生全部的學校經驗之先後順序所排列成的年表。回顧過去的個別化教育方案，能蒐集很多相同的資料，重要活動記錄是以易於使用的格式，簡單地摘要並編

輯資料。

　　這個格式也使得評量學生整體性的進展變得易於進行。你能一眼即分辨出學生已學習某一項特別活動有多久了。完成此表格時，要確定在活動與技能之間留足夠的空間以便每年可加入新資料。

❖　整體性的課程評量

　　整體性的課程評量讓你能從所有的層面來論斷你的教學課程。此評量不僅是看看個別學生的進展，也讓別人看看你的教學課程的一般趨向：你所提供的服務應朝向增進父母的參與、增加參與自然環境的機會與增進學生的進步。

　　下列的問題應該至少每兩個月回顧一次。問問自己（或寫下來）自上次你做自我評量（或在年初等）之後，在所有的課程中你看到學生有何進展。如果你的回答「是」多於「否」——那恭喜你！如果你的回答經常為「否」，則反映出為何在此一特別的領域中沒有進展。

　　整體性的課程評量之檢核問題：

1. 學生是否在目前的環境中參與了更多居家、職業、娛樂／休閒等領域的活動？
   個別化重要技能模式的最終目標，是讓個案能在四個領域中的自然刺激與結果之下參與自然環境中的重要活動。要達此目的，在自然環境的教學應該要增多，人為環境的教學要減少。
2. 學生是否在未來的環境中會參與更多居家、職業、娛樂／休閒等領域的活動？
   學生不應只接受能協助他們參與目前的重要活動的指導。他們也應要藉著學習往後生活所需的技能為未來做準備。

表 13-2　工作單 29
重要活動記錄表

學生：多明尼克

領域：社區

活　動	技　能	替代／輔助性策略	學生的表現　水　準	訓練人員比率	日　期	備　註
購物	推購物車	——	完全提示 稍微提示	1：1 1：1	1990.1 月 1990.3 月	想離開購物車、伸手抓食物
	走到走道	——	直接口語提示 獨立	1：1 1：3	1990.1 月 1991.1 月	握住購物車
	選擇東西	想購買的東西的圖片一對應	手勢一指著圖片	1：3	1990.1 月	目前選擇牛奶、麵包、蛋、冰淇淋（當作獎賞）
走到商店	走在人行道上		稍微提示 獨立	1：1 1：3	1990.1 月 1991.1 月	
	在十字路口停下來		完全提示 非直接口語提示	1：1 1：3	1990.1 月 1991.1 月	

3. 學生是否以最高的能力水準參與自然環境中的重要活動？

參與自然環境中的活動並不是一個目的。我們的目標應是持續地增加獨立能力，促進更完全的參與和改進學生在目前與未來環境的表現能力。

4. 學生的基本技能指導是否按統合目標所計畫的進行？基本技能產生在跨活動與領域之間。它們應該如重要技能的要素在相關的情境中被教導。

5. 基本技能的教學是否隨著學生年齡漸長而減少？

學生應接受會讓他們參與更多重要活動的教學。當年齡較小時，起初可能包括在重要情境中教導基本技能。然而，當學生年齡漸長時，重心應放較多在發展增進參與機會的輔助器具上。

6. 與父母之間的和諧關係是否在增進中？

當你讓父母有較多機會參與過程，溝通的門就會打開。我們應該有尊重家長意見的態度。藉著與父母的訪談和個別化教育方案的追蹤過程能強化這種和諧的關係。

　　簡言之，你的整體性課程評量不應是靜態的。你的學生、你的教學、你的技能正如協調者／促成者應該長期地改進。經由定期的檢查每一個課程元素，你會被迫去找出問題所在，並為那些成功的領域感到高興。

❖ 摘要

　　評量學生所有的進展可以許多方法進行。第一，學生的個別化教育方案目標可以有組織的追蹤過程，來進行一般性的回顧。在這過程中，學生參與自然環境的頻率與學生學會重要技能的進展，應該至少一個月與父母或撫養人討論一次。此時，可以修改、增加或減少教學課程。

　　第二，應為每個學生持續記錄其重要活動的教學。記錄應該一年填寫一次而且應將記錄做成摘要，這些記錄是要隨著學生渡過其學校生涯的，而且要簡潔地按他被教導過的活動與技能的先後順序呈現出來。

　　整體性的課程評量也應回顧學生進展的整體趨勢、父母參與和課程要素。整體性的教學課程應反映出在增進參與目前和未來自然環境中的重要活動上，朝向持續成長的方向。

　　在第三部份，本手冊的最後一章會討論將個別化重要技能模式的所有要素組合在一起，以及將重要技能教學模式實施在你的教學情境的策略。

參考書目

Donnellan, A. (1984). The criterion of least dangerous assumption, *Behavioral disorders*, 9: 141-150.

Donnellan-Walsh, A., Gossage, L., La Vigna, G., Schuler, A., Traphagen, J. (1976). *Teaching makes a difference.* Santa Barbara, CA: Santa Barbara County Schools.

Haring, N., Liberty, K. & White, O. (1982). Rules for data-based strategy decisions in instructional programs: Current research and instructional implications. In W. Sailor, B. Wilcox and G. T. Bellamy (Eds). *Methods of instruction for severely handicapped students.* Baltimore: Paul H. Brookes Publishing Co.

Horner, R., Meyer, L. & Fredericks, H. (1986). *Education of learners with severe handicaps.* Baltimore: Paul H. Brookes Publishing Co.

Savage, S., St. John, H., Goldie, B. & Barry, K. (1980). *Instructional programming for the severely handicapped: A functional skills approach.* Sacramento: California State Department of Education.

Snell, M. E., (Ed.) (1983). *Systematic instruction of the moderately and severely handicapped.* (2nd ed.) Columbus, OH: Charles E. Merrill Publishing Co.

Wehman, P., Bates, P., & Renzaglia, A. (1980). In P. Wehman and J. Hill. (Eds). Characteristics of an appropriate education for severely and profoundly handicapped individuals. *Instructional programming for severely handicapped youth: A community integration approach.* Richmond, VA: School of Education, Virginia Commonwealth University.

Wilcox, B. & Bellamy, G. T. (1982). *Design of high school programs for severely handicapped students.* Baltimore, MD: Paul H. Brookes Publishing Co.

Williams, W., Brown, L., & Certo, Nick. (1975, September). *Basic components of instructional programs for severely handicapped students.* Studies in behavioral disabilities. vol. 1. Madison, WI: University of Madison, Wisconsin.

第三部分——

　　第三部分會討論實行個別化重要技能模式的策略，
也會提供尋求協助與開始進行改變的建議。

第十四章

結論：組合所有的要素

　　恭喜你！你已從最初思考要教什麼與如何進行教學的艱鉅歲月中活過來了，並克服了本手冊！你可能認為要實施這個模式需耗費相當多精神與體力。然而，本書的目的是與你分享一項經實地試驗過且能長存的教學方法，此教學方法能使重度身心障礙的個體參與目前與未來自然環境中的許多重要活動。其目的並非要將你打垮，讓你對你的努力感到罪惡，或是激勵出在週一黃色校車駛進學校之前就會照本手冊所寫的一一去實行的超級教師。

　　希望本書提供足夠的資訊與範例能使你去考慮並實行重要技能模式。正如任何其他的模式一樣，個別化重要技能模式是一種範例，它可以被複製或修改以符合特定的需要。無論你決定要做什麼，不要企圖在第一天或甚至是最初的幾週之內實行每一個被建議的事項。本手冊的實施資料應被視為長程的目標，以小部分與優先順序的步驟來進行。本章稍後會討論協助你在改變期間克服困難的方法。

❖　起步工作

　　對那些感到需要立即開始實行的人，在此建議三個步驟。不管你是否會按照本書的其他指示來做，這三個步驟（簡短的列出要做的事情）是絕對必要的。

　　首先，審慎地評量你目前的教育理念。這就是教學的「理由所在」。對你而言，什麼是最重要的？你的教學理念能再改進嗎？問問你自己，你希望教學對學生目前與未來的生活品質有何影響。你要結合課程與教學（意即教什麼與如何教）的教育理念。（本章稍後將提到的評量檢核表，可證明是一個可長久且嚴格地觀察你教學理念的有用工具）其次，要維持並發展系統化方法，以進行教學與記錄學生的表現資料。當你修改課程元素時，健全教育理念與系統

化教學方法和行為記錄的結合將能鞏固課程。第三，要至少訪談一位重要人員，重要人員訪談已被證實為有極高價值的工具，而且在決定「教什麼與如何教」時，對你的協助勝過任何其他的評量或「課程指南」。

　　此三步驟將帶你起步，從這兒，你的學生與家長的特殊需求會引導你如何走，僅管你想要儘快達到目標，但是將個別化重要技能模式付諸實行，卻包含了達成短程目標與長程目標。使用本模式的前輩建議你：慢慢且小心地進行，比衝動而毫無計畫地去實行更有效益，而且可能更有熱忱。

❖　實施個別化重要技能模式

　　現在我們要來討論協助你實行個別化重要技能模式的許多主題：概觀個別化重要技能模式每個階段之間的關係之流程圖；讓你一再評量教學效果的檢核表；如何克服因改變至新系統所遭遇的困境；如何在你的課程中建立合作與支持關係；如何發展實際的行動計畫；如何發展行政人員的計畫書；最後是如何組成一個可協助你進行改變的工作團。很顯然地，這些主題完全涵蓋如何實行個別化重要技能模式的問題，但是這些主題所提到的，便是那些突然發現自己似乎面臨困境的教師們最常見的問題。

流程圖

　　在你開始實施個別化重要技能模式之前，流程圖可讓你對整個過程有個清晰的輪廓。圖 14-1 的流程圖呈現的是發展與實施重要技能模式每個階段間的關係。

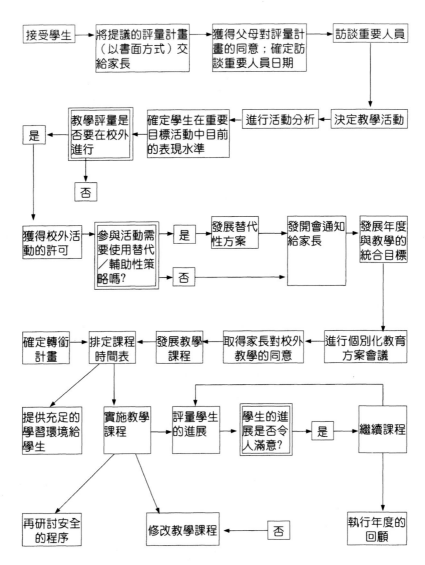

圖 14-1 個別化重要技能模式流程圖

教學過程的評量

當你在判斷目前的課程、教學技巧或新的教學技巧的效果時，系統化地評量可讓你知道事情如何與為何發生。經由評量所有的課程可以確定學生並沒有參與很多未來環境中的重要活動，而且目前所參與的環境還不到四個領域。你可能覺得非常沮喪，因為你認為你很賣力地工作，而且面面俱到。然而，為何在你的課程中卻未見你所確定的進展呢？

答案可能是你不經意地忽略了教學過程中一項或一項以上的要素。個別化重要技能模式是一系統化教學過程，正因如此，過程中的每個要素在系統中的所有工作裡扮演著內化且必須的角色。當有某一個要素虛弱了，整個系統也變弱了。你會發現按個別化重要技能模式系統化教學檢核表來評量自己非常有用，細讀每一項敘述，簡略回答「是」或「否」。在回答「否」的地方，你可能希望回顧這項要素的資料，找出為何該要素不成功，然後計畫能協助你達到目標的步驟，每幾個月做自我評量，以觀察你自己的進步。

個別化重要技能模式系統化教學檢核表

日期

☐ 透過訪談重要人員，我確定了學生的教學　　＿＿＿＿
　需求。

☐ 我確定學生在基本技能上的需求。　　　　　＿＿＿＿

☐ 我以家長的喜好、活動的功能性本質、活　　＿＿＿＿
　動的符合實齡本質來排定重要教學活動的
　優先順序。

☐ 我進行居家、社區、娛樂／休閒與職業等　　＿＿＿＿
　領域目前與未來環境之生態調查。

□ 我確定在特定環境中的重要活動所需的技　＿＿＿＿＿
　能。

□ 在需要時，我發展參與重要活動的替代／　＿＿＿＿＿
　輔助性策略。

□ 在每個課程領域，我至少計畫兩個教學目　＿＿＿＿＿
　標。

□ 我撰寫統合目標。　＿＿＿＿＿

□ 我發展重要活動的教學計劃。　＿＿＿＿＿

□ 我在自然環境中實施教學課程。　＿＿＿＿＿

□ 我蒐集並評量學生的表現資料。　＿＿＿＿＿

□ 我根據學生的表現資料來修改教學課程。　＿＿＿＿＿

□ 我根據個別化教育方案來評量學生整體性　＿＿＿＿＿
　的進展。

克服改變期所面臨的困難

　　實施你想要的課程會牽涉改變。做改變是長期的過程，不可能一蹴可及。本手冊所敘述的教學方法並不是萬靈丹或唾手可得的答案。就像所有值得努力的事一樣，都需要承諾與投注不少的心力。但有一些指南可協助你克服困難與保持頭腦清醒，當你逐步做改變時，你會覺得有助你解決所有的問題。

❖　克服改變之指南

● **慢慢進行**。不要一次就進行超過你所能處理的改變事項。你可採行的方法是一次只做一項改變，你得適應改變後再進行下一項改變。如果你要完全更改你所教的內容與教學方法，可能需要以整

學年的時間來進行。如果你只要修改部分的課程或教學方式，則
過程可能需要較少的時間。

- **不要期望事事完美無缺。**要記住！幾乎任何一件事情都可能發生
  錯誤。要學習接受挫折與批評，並對自己的優點與才能有信心。

- **儘可能找到所有的協助。**利用可運用的義工與學校職員。即使接
  受最少的訓練，這些人在教學與督導上的協助可能是無價的，如
  此你可以將注意力轉移到其他需要的細節上。

- **讓他人瞭解你的時間表！**發展時間表。提供一般性的架構給學生
  與工作人員遵循。列下每一個工作人員的職責與每個學生的目
  標。當每個人知道他們該在哪兒，何時在那兒，與他們該做些什
  麼，他們會覺得比較自在。

- **做記錄。**要正確地記下每個學生的進展。只有依據客觀的表現資
  料才能做有效的教育決定。

- **訓練你的工作人員。**你的助理教師、義工與支援工作人員必須知
  道你對每個學生所運用的教學策略。一致性對品質很重要。

- **建立公開溝通的管道。**讓父母與工作人員知道你關心他們與學
  生。要當個善解人意的聽眾。

- **工作歸工作。**給予你的學生有品質教學的挑戰，可能令你喘不過
  氣來，你需要其他管道的協助以使事情能正確地進行。一夜好眠
  通常勝於天亮前的策略與計畫。

- **找人談談。**與其他有相同目標的專業人員分享你的想法與問題。
  「兩個臭皮匠勝過一個諸葛亮，而三個臭皮匠更勝於兩個！」當
  你有新的見解與看法時，你可以盡力互相支持。

　　當你以新的方法做事，自然會覺得緊張不安。如果實行新的重
要技能模式與你目前所使用的方法有非常大的出入，則表示你要做
的改變可能非常不易進行。你可能有許多事要做，以使改變儘可能
令人覺得自在舒適、容易適應且有成效。

發展合作與支持的關係

　　爲了讓個別化重要技能模式在你的學區內成功地被適應與運用，你需要與一些在教育系統之內和校外的人士合作並彼此支持。你需要與他人合作，藉由確定你和他人的需要與發展共同合作的關係；如此，你可確定每個人的職責並且成功地實施個別化重要技能模式。

　　首先，你可以列一張需支持你的人之名單，這張名單應包含行政人員、家長與輔助工作人員。如果在你的工作場所或學區內有其他老師對個別化重要技能模式有興趣，你可以跟他一起努力。

　　你也應列出需要行政人員與家長的哪些支持。例如，行政人員與家長需要知道有關個別化重要技能模式，如此他們能比較目前的與計畫中的課程之利與弊。行政人員要知道有關事情的策畫等。

發展改變行動計畫

　　一旦你已決定需要誰的支持，你要發展自己想要的改變行動計畫。（可能的話，與其他有興趣的教師一起工作，一群人的經驗會讓工作更容易且可提供分享想法的機會。）行動計劃應敘述需要做的內容、誰有責任做、工作完成的預定時間，以及確定工作何時完成的方法。

個別化重要技能模式中與他人共同合作的行動計畫

- 找出此時你需要與何人溝通。（要注意你學區內的管理階級組織）可能需要費心與行政人員及家長溝通，以發展相互支持的關係。
- 確定所有的溝通目的。（例如：告知有關個別化重要技能模式並找出彼此的相互需要）
- 在溝通中要設定幾項特定的要點。（例如：個別化重要技能模式

的目的、此模式的主要變項、此課程方法的效益）

• 確定誰負責進行某一特定主題的溝通，以及誰可以協助準備會議。確定何時特定的工作要完成。（設下合理的期限。）

• 設定會議與進行溝通。

發展行政人員的計畫

你會發現發展計畫呈報給學區的行政人員是必須的。這對你來說很可能是新經驗。舉個例來說吧！你希望解決實行社區本位課程的後援(logistical)問題。下列的指南可能相當有用。

你的計畫要解釋特定的後援考量、計畫的理由或背景說明、期望的結果、目前已具備的事物、目前的問題、目前的需要、符合需要的各種選擇、以及最適於用來解決特殊問題的行動計畫。

為方便起見，以一系列的步驟發展計畫：

1. 簡短地解釋特定的後援考量。

2. 簡短地解釋或做背景說明為何解決後援問題是重要的。（引用加州教育法則）

3. 明確地指出期望的結果。有關你的後援考量，要以量化的敘述確定特定的結果（例如，「歐瑞菊學校有一輛車可用在社區本位教學。」）。要非常明確地指出結果。確定所有相關的問題已被討論過了，明確的結果也寫下來了。

4. 列出目前已有的資料。就每一特定期望結果，列出有關的既有資源、記錄文件、政策、設施等等。（例如，「我們有一位支持社區本位教學的校長」）如果你對目前可能「既有的」資料不確定（例如，你對目前學區內有關教師使用他們自己的車運送學生的政策不確定），注意這點並將之放進計畫的第六步驟。

5. 列出問題。就特定的結果，列出你覺得可能成為有效與期望結果之潛在阻礙的問題、恐懼、憂慮與抱怨等（例如，有些

父母可能不願讓其子女在自然環境中，參與符合實齡的活動）。要確定所有的問題在此時都被提出來。

6. 列出被遺漏的需求（期望結果與目前已有的東西之間的差異）。需求包括了協助資源、取得同意、工作人員、政策等等（例如，「我們需要告訴所有的家長有關個別化、重要技能、符合實齡的課程」）。將任何（第五個步驟所列的）問題改成需求報告（例如，「我們需要為不感興趣與恐懼的父母發展支持系統）。有些問題可能成為此時潛在的阻礙。

7. 列出符合這些需要的許多選擇。其他的教師或學區如何處理類似的問題？你要簡明地列出選擇事項，但應包含所有主要的方法。

8. 找出最符合需求的行動計畫，並以後援力量解決問題。

9. 列出發展計畫的人士之姓名。

10.以許多的草案來籌劃你的計畫。你不需要去製造繁重、嚇人的文件，但你應確定已經將你的情況儘可能說得很清楚。

11.交出你的計畫。

行政與家長的支持是任何成功的教育課程的支柱。讓他們清楚地瞭解你的計畫，並成為你的計畫小組中不可或缺的成員是非常重要。有他們的許可，任何事幾乎都是可能的。確定管理委員會非常瞭解你的用意也是相當重要的。從公共關係的觀點來看，不僅是非常實際而且也是必須的，因為他們對應負責任與後援問題的處理方式，將顯示你課程實施的變數。

工作團隊

有許多的教師已報導：使用工作團隊方法能成功地實施重要技能模式。工作團隊可以少至只有二個有興趣的人員或多達二十五名。成員應包括凡有興趣實行重要技能模式的人，可能是教師、助

理教師、行政人員、支持性工作人員等等。

　　每個工作團隊必須自己決定其議程。此團體的目標依個體與團體的需求而定，是非常團體性的。事先寫出特定的行動計畫是不切實際的。但是，就某些觀點而言，你可能要討論下列的問題：

- 確定你的學區或機關目前的政策與過程。
- 找出你實行重要技能模式可能有的問題，例如：
  1. 後援的考量。
  2. 班級的大小。
  3. 交通。
  4. 金錢問題。
  5. 應負責任問題。
- 以腦力激盪的方式找出問題的可能解決方式。
- 將計畫交給行政人員與委員會成員。
- 追蹤計畫的進行。
- 發展部門的理念與程序指南。

　　解決這些問題的合適方法為設定議程、時間表、行動計畫。當角色與期望被說出時，團體的功用會更有效。訂出團體的經常性會議時間與一般目的。義工成員要保證是信守承諾的工作者。沒有人會從一個不情願或愛發牢騷的同事身上獲益。要學習運用每個成員的長處，並讓每個人，包括你自己，只負一個自己可以勝任的責任。羅馬不是一天造成的，你的課程也一樣，不是一蹴可及的。

　　如果你不隸屬於某個團體，也不要覺得沮喪。離群的狼照樣可完成事情。剛開始你可以找助理談談。從你的小工作團隊開始。你可以嘗試與其他工作場合的老師或甚至與其他學區聯結。對重要技能模式的熱衷與執著是會傳染的。你很快就會在你的學區發現同好，你可以和他分享問題、建議與喜悅。

　　恭喜你對改變所做的承諾並希望你在專業的努力上有所斬獲。

參考書目 ←———————————————————

Donnellan, A. (1984). The criterion of least dangerous assumption, *Behavioral disorders, 9:* 141-150.

Hamre-Nietupski, S. & Nietupski, J. (1981). Integral involvement of severely handicapped students within regular public schools, *TASH Journal 6,* 2: 30-39.

Holowach, K. (1983). *Implementing community-based instruction: A resource guide for the individualized critical skills model.* Sacramento: California State Department of Education.

Holowach, K., Taresh, D., Harkens, D. & Savage, S. (1981). *Behavior management in natural environments.* Sacramento: California State Department of Education.

Horner, R., Meyer, L. & Fredericks., H. (1986). *Education of learners with severe handicaps.* Baltimore: Paul H. Brookes Publishing Co.

Savage, S, St. John, H., Goldie, B. & Barry, K. (1980). *Instructional programming for the severely handicapped: A functional skills approach.* Sacramento: California State Department of Education.

Van Bieruliet, A., Sheldon Wildgen, J. (1981). *Liability issues in community-based programs.* Baltimore: Paul H. Brookes Publishing Co.

Wehman, P., Bates, P. & Renzaglia, A. (1980). Characteristics of an appropriate education for severely and profoundly handicapped individuals. In P. Wehman and J. Hill. (Eds.). *Instructional programming for severely handicapped youth: A community integration approach,* Richmond, VA: School of Education, Virginia Commonwealth University.

Wilcox, B. & Bellamy, G. T. (1982). *Design of high school programs for severely handicapped students.* Baltimore: Paul H. Brookes Publishing Co.

Williams, W., Brown, L. & Certo, Nick. (1975, September). *Basic components of instructional programs for severely handicapped students.* Studies in behavioral disabilities. Vol. 1. Madison, WI: University of Wisconsin.

Wuerch, B. & Voeltz, L. (1981). *The Ho'onanea Program: A leisure curriculum for severely handicapped children and youth.* Honolulu: University of Hawaii.

辭彙解釋

- **替代／輔助性策略**（Adaptation）
  讓個案參與自然環境的活動之變通性策略、材料或發明。

- **基本技能**（Basic Skills）
  為達成某一較大的行動所使用之動作或一般行為，它共用於多種環境中或跨多種環境的技能與活動。

- **適合生理年齡的活動**（Chronological Age-Appropriate Activities）
  非身心障礙的同儕在自然環境所參與的活動。

- **結果**（Consequence）
  隨著反應而來的行動，而且操控增加或減少此反應再出現的可能性。自然結果：自然發生而成為活動的一部分之結果事件。教學結果：在教導某項技能或活動時所使用的人為結果。

- **校正程序(或教學校正程序)**（Correction Procedure or Instructional Correction Procedure）
  在學生無法做出起始的反應或做出不正確的起始反應之後，以教學提示的形態提供學生正確資料之教學策略。

- **重要技能**（Critical Skills）
  經所有重要人員確定為對學生生活相當重要的技能，且這些相關及基本的技能會增加學生參與目前與未來居住、工作、娛樂以及與非身心障礙者互動的自然環境。

- **提示程序（或教學提示程序）**（Cue procedure or instructional cue procedure）
  在學生做出期望的反應之前，透過給予一致程度的提示讓學生參與自然環境的教學策略。

- **持續時間**（Duration）
  某一行為持續多久。

- 環境（Environments）

  人們居住、工作、購物、娛樂以及與他人互動的場合。目前的環境：學生目前參與的環境；未來的環境：個案可能參與的環境；自然環境：非身心障礙者居住、工作、購物、娛樂以及與他人互動的場合。參照次級環境。

- 頻率（Frequency）

  某一行為發生的次數。

- 未來環境（見環境）（Future Environments）

- 類化（Generalization）

  在某一情境習得的技能，會成功地表現在其他需要類似技能的情境。

- 統合目標（Infused objectives）

  教學目標著重在習得與類化自然情境中的重要活動與技能，並在適當時候將教學需要嵌入基本技能。

- 教學校正程序（見校正程序）（Instructional correction procedure）

- 教學提示程序（見提示程序）（Instructioanl cue procedure）

- 教學刺激（見刺激）（Instructional stimulus）

- 示範（見提示）（Modeling）

- 修正標準（Modification Criteria）

  事先決定學生表現的目標值，指出學生的表現落在目標值以上或以下，教學課程須修正。

- 自然結果（見結果）（Natural consequence）

- 自然刺激（見刺激）（Natural stimulus）

- 目前環境（見環境）（Present enviornments）

- 提示（Prompt）

  任何會帶來正確反應而添加的協助。提示有許多程度。非直接口語提示：不明顯的或暗示性的口語敘述；手勢：肢體、非口語動作或行動；直接口語提示：明確的口語指示；示範：表演並解釋

被期望的行動；身體引導：使個案完成期望的反應之肢體協助；
刺激內提示：為引起正確反應而添加於該刺激上面的特徵；視覺
提示：視覺暗示，如照片或圖畫。

- 懲罰（Punishers）
  減少隨其後而來的反應之結果事件。

- 速度（Rate）
  某一行為發生得多快。

- 增強物（Reinforcers）
  增加隨其後而來的反應之結果事件。

- 反應（Response）
  隨著明確刺激事件而來的行為。

- 重要人員（Significant others）
  對學生與其家庭有影響力或與他們每日有互動的個人。

- 技能（Skills）
  進行或參與某項活動所需之連續行為。

- 刺激（Stimulus）
  引起或暗示某種反應的出現之事件。自然刺激：正常發生在環境
  之中的刺激事件；教學刺激：被添加的人為刺激事件以引起期望
  的反應。

- 次級環境（Subenvironments）
  活動的要素進行的地方。也參照環境。

譯後語

　　讀者在看了這本手冊與 29 張表格後，心中可能會有這樣的疑問：「這些表格都是使用在社區教學上的，它們能被運用在國內的教學情境嗎？」。譯者在翻譯這些資料的同時，也不斷在個人教學歷程中反覆試探其運用在目前國內的教學情境中的可能性。基本上譯者所遭遇到的困難包括下列幾方面：

㈠學生人數太多且未實施分組教學：

　　班上有十五位學生，而每位學生各有其需求且能力相差很大。教師需個別指導學生，因此往往一堂課中學生能學的東西相當有限，尤其是在社區教學時對重度障礙的學生相當不利。因為他們通常需較多的個別指導。

　　據譯者所知目前國內大部分的學校學校並沒有實施分組教學，在教學上學生練習重要活動／技能的機會相對地被減少了。本模式所謂的分組教學不僅只是一般的依能力來分組。它更強調依學生的需求來進行分組教學。例如，教導學生製做簡餐時，可能班上有些學生家裡有電鍋有烤箱，沒有微波爐。而有些則有微波爐、電鍋，沒有烤箱。教師依學生需求進行教學，學生可學到他們真正需要學的活動，而且可一再練習此活動。若沒有分組，教學上要兼顧每個學生的需求且有成效較難實現。因為中、重度的學生往往需要很多的練習才能學會一項技能或活動，若沒有分組他們必需學習一些他們不需學習的內容（以簡餐製做為例，教師為了顧及全班學生的需求，必需要教導全部的器具之操做。但家中目前沒有且在近期內也不會增購這些器具的學生也必需學。），對於真正需學會的技能，卻會因練習機會的減少而拉長其學習時間。

㈡教師授課時數的限制：

實施真正的分組教學必會增加教師的授課時數，而目前國內各級
學校皆有教師授課時數限制。因此打破這個限制是進行有效教學
法的必要條件之一。

㈢教育體係的行政支援不足：

目前國內大多數的學校並沒有爲學生召開 IEP 會議。沒有讓家長
參與且沒有界定職責的 IEP 並非真正的 IEP。再者分科教學的方
式，非常僵化，缺乏統整性的課程。此外，有些學校有校外教學
次數限制，學生能在社區學習的機會已非常有限，再加上校外教
學的次數限制，能在社區學習的機會幾乎是少之又少。

㈣專業教師的缺乏：

目前國內有經驗的專業教師，如機能訓練師、職能訓練師、語言
治療師及心理復健師等，非常缺乏，因此教師的諮詢資源非常有
限。且通常一校所編列的人員只有一、二名，學生能利用的人力
資源相當少。當學生需要做一些額外的訓練時，往往因人數限制
而無法接受訓練。

　　以上這些困難有可能讓有心實施個別化與社區本位課程的教師
打消此念頭。然而，我們的學生終究是要回歸到社區裡，因此他們
必需學習如何在社區生活。期盼本書能激起一些有心人士的迴響，
共同思考如何消除這些障礙，以落實個別化與社區本位的教學。

工作單使用說明

　　個別化重要技能模式總共有二十九張工作單，每一張工作單各有其功用。以下就每一張工作單的功用及如何完成工作單做一簡要介紹：

工作單 1　家長／監護人訪視表：

　　訪談前使用，目的在建立學生的基本資料，並記錄與家長約定之訪談日期、時間及如何至訪談地點的說明。

工作單 2　社區生態環境調查表：

　　記錄學生住家附近與經常使用到的一些特定環境的資料。例如，學生家附近有便利商店，而目前學生尚未參與購物活動，教師可記在此表中，當作訪談時與家長討論的活動及進行活動的地點。

工作單 3 與 4　一週時間表：

　　蒐集學生一週當中非上學時的典型作息資料。依學生起床至睡覺的時間順序記錄，並說明學生在該項活動中的表現，活動是否符合實齡，及家長對此活動的喜好程度（即教學優先順序）。

工作單 5　額外的例行活動表：

　　蒐集在典型的一週中進行，但不是每天發生的活動之資料。例如，學生每週固定外食三次，看一次牙醫等。

工作單 6　週末活動表：

　　蒐集在典型的週末所進行的活動。例如，學生與家人固定在週六爬山。

工作單 7, 8 與 9　行為與基本技能資料表：

　　記錄一系列有關學生的基本能力及醫療的資料。例如，學生的喜好與厭惡事物，問題行為，基本技能的表現水準，以及需注意的用藥情形。

工作單 10　父母／監護人對未來教學活動與環境的優先順序表：

　　找出家長希望學生在未來一至三年內能參與的居家、休閒、社區及職業活動，列出教學活動及環境，並標出教學優先順序（高、中、低），以及是否為符合實齡的活動。

工作單 11　初步摘要／基本技能與各課程領域重要活動之統整：

　　目的在總結家長在訪談當中所提供的資料。在每個領域下分別列出四個活動，並指出家長或專業人員或教師認為學生需加強的技能與每個活動需要的基本技能。再標出教學的優先順序，並指出是目前或未來的活動。

工作單 12　進一步聯絡事項摘要表：

　　記錄家長所做的其他重要說明，你需要聯絡的其他重要人員的姓名、地址、電話號碼，以及你與家長溝通暫時的學習目標之日期、時間、方式等。

工作單 13　其他重要人員訪談表：

　　記錄（除家長外）對學生生活有重要影響力的重要人員之意見，以及他們與學生互動情形的資料。只用在與學生有長久相處一段時間的人員。例如，學生放學後會先至褓姆家，則可考慮訪問她，但是需先徵得家長及當事人同意，才可進行訪談。

工作單 14　重要活動之教學順序檢核表

　　目的在排出重要活動的教學順序，因為重要活動可能有很多項，要同時進行有困難且不符實際效用。因此需要排出重要活動的教學優先順序。將家長找出的重要活動依生活四大領域分類，並填入各領域空格中，再一一檢核每一活動的重要性（依檢核表上的問題及給分標準來標出該項活動的分數），並依序排出每個領域的重要活動順序。

工作單 15　重要活動與環境檢核表（評量／教學）

　　目的在協助教學者列出暫時的重要活動與環境。利用從教學順序檢核表中所得的資料，加上教師喜愛的活動列出暫時的主要教學活動與環境。需寫出此活動是目前或未來能參與的，以及是教師或家長希望學生學習的。

工作單 16　活動分析

　　工作單 16 與 17 都是教師在教導某一活動時可運用的。此表是為協助教學者找出並記錄該技能的刺激範圍與反應變化而發展的。將某一活動依其進行的步驟列出技能，並記下相關的刺激變化、技能變化、一般標準（即一般人進行此活動時的速度、反應潛伏期……等自然標準）及例外（如使用販賣機而機器故障，要如何處理）。

工作單 17　學生評量

　　目的在記錄學生參與此活動時其使用肢體動作，溝通技能及社會技能的情形，與瞭解此活動所包含的學習機會。將某一活動依活動進行的步驟列出，並記下每一項技能的自然提示（如肚子餓了，要吃飯。肚子餓即是自然提示。）、學生啟始與使用自然提示的能力（如看到髒衣服在洗衣籃內，會主動拿去洗，而不是經由家長或

教師的口語提示「該洗衣服了」。)、肢體參與情形（記錄學生參與此活動時，使用肢體動作的情形）、社會／溝通技能參與情形（記錄學生參與此活動時，使用社會技能／溝通技能的情形），最後記下如何增進學生參與此活動的方法。

工作單 18 訓練環境檢核表

其目的在找出每個可能的教學場所提供的技能範圍與刺激特性。將某一活動的訓練環境列出，並寫出此活動的步驟，再標明這些環境中，有哪些是自然環境，哪些是教學環境，並逐一檢核在這些環境中需使用哪些技能。

工作單 19 教學計畫表（活動／目標）

其目的在統整教學活動與目標。列出活動與統合目標，並依活動步驟寫出基本技能。再列出一週中有哪幾天進行此項活動的教學、學生做此活動的時間、一般人做此活動的時間、自然及教學環境，並摘要活動過程。記下替代性策略，以便學生無法依常人方式進行活動時使用。若學生有行為問題，要寫出如何進行行為管理。此外，尚需寫出增強時間表、課程修改標準、課程檢討日期、訓練者在進行教學時的位置及有哪些項目要測試。

工作單 20 教學計畫單

其目的在協助教學者組織與整理教學時計畫使用的提示與結果，以讓助理人員瞭解教學如何進行。

寫出教導某一活動時教學者會使用到的材料與提示，並記錄學生的反應及教學者如何校正其反應，再寫出教學結果。（如，學生做出正確反應時，你說「很好」。「很好」即是教學結果。）

工作單 21　活動順序與資料蒐集表

　　此表目的在蒐集學生的表現資料。要列出活動與日期。記錄學生的表現並算出百分比（在結論欄）。

工作單 22　資料匯整圖

　　此表目的在將學生表現製成一目了然的資料圖。記錄此表有不同方式：將活動依序列出，在學生表現正確的項目上標「＋」、沒機會學習或沒反應「0」，錯誤標「－」。假設此活動有 14 個步驟，學生當天只有兩項正確，則正確率爲 2/14 即 15%（參照表 10-4）。

　　若你使用校正程序，假設此活動有三個步驟，每個校正程度的分數依序爲獨立 7 分，手勢 6 分，示範 5 分，輕輕拍手背 4 分，手臂引導 3 分，部分身體引導 2 分，完全身體引導 1 分，總分 21，即爲 7（最高分）×3（步驟）＝ 21。某日教師指導學生此三項步驟，皆使用部分引導，則當天學生表現正確率爲 6/21，即 23%（參照表 10-5）

工作單 23　訓練環境分組表

　　目的在以訓練環境將學生分成小組。寫出哪些學生可編成一組、在此環境中有哪些人進行什麼活動，及活動時間。（如，甲、乙、丙同時在便利商店買東西。甲已會找出要購買的物品，但尚不會看標價付錢，則練習付錢。乙、丙尚需學習挑東西與依標價付錢，則在同一環境，進行此二項活動。其餘依此類推。）

工作單 24　固定與彈性時段表

　　此表目的在列出固定與彈性的教學時段。將學生一週在校作息的固定時間標出（如，幾點到校、幾點用餐等），未列出的則爲彈性時間，彈性時段可儘量用來進行社區教學。

工作單 25　主要時間表

　　此表目的在協助教學者將所有的要素統整成一張可實行且有效率的時間表。將全班學生的時間表列出，並寫出同一環境、時間內有哪些學生在此環境進行什麼活動及由誰指導。

工作單 26　個別時間表

　　此表目的在列出每個學生的個別時間表。將學生從週一至週六的教學活動，依時間順序列出。

工作單 27　個別教學管理表

　　此表目的在記錄重要活動或技能的教學情形。列出日期及記錄活動是否有進行。若無則說明理由。

工作單 28　個別化教育方案（ＩＥＰ）追蹤表

　　此表目的在追蹤 IEP 的實施情況。依各課程領域（每一領域一張表格）列出重要活動，並記下追蹤日期。

　　記錄學生參與此活動的次數、教學者給予學生什麼協助以幫助他完成活動，並詢問教學者是否需協助，再記下教學者的說明、問題等。

工作單 29　重要活動記錄表

　　此表目的在記錄學生已學過哪些活動與技能（每一領域一張表格），使用哪種替代性策略以教導該活動或技能，學生的表現水準，教師與學生在訓練時的人員比率，以及開始教導此活動的日期等。

工作單 1

家長／監護人 訪視表

學生：甲_____　　至訪談地點的說明：×路直走，經過保齡

生日：65 年 8 月 2 日　　球館後，會看到一家柯尼卡照相館的隔壁

地址：高雄市 × 路 ×號_____

電話：×××××××_____　（家）_____　　（公司）

家長／監護人姓名：×××_____　　重要關係人：_____

訪視日期：84.2.19_____　　訪　視　人：李淑貞_____

指定之教學服務評量

神經生理評量：_____

_____

心理醫師：_____

語言評量：_____

其　　他：_____

醫療資料：嚴重蛀牙，經常牙疼，不肯就醫_____

_____

其他目關服務人員（地區中心、職業訓練等）：_____

_____

_____

工作單 2

（訪談前與訪談後使用）

社區環境生態調查表

領域：社區　　　　　　　　**交通工具**：走路

環境：海拓食品、什貨店　　**調 查 者**：李淑貞

地址：× 路上　　　　　　　**日　　期**：84. 2. 19

　　　　　　　　　　　　　　聯絡人／負責人：

電話：

說明：可訓練甲至此店買日常用品

社區環境生態調查表

領域：職業　　　　　　　　**交通工具**：走路

環境：月香美容院　　　　　**調 查 者**：李淑貞

地址：× 路上　　　　　　　**日　　期**：84. 2. 19

　　　　　　　　　　　　　　聯絡人／負責人：

電話：

說明：未來可能就業的機會

工作單 2

（訪談前與訪談後使用）

社區環境生態調查表

　領域：休閒　　　　　　交通工具：走路

　環境：森固保齡球館　　調 查 者：李淑貞

　地址：×路上　　　　　日　　期：84. 2. 19

　　　　　　　　　　　　聯絡人／負責人：

　電話：

　說明：可與姊或妹一起打保齡球

社區環境生態調查表

　領域：　　　　　　　　交通工具：

　環境：　　　　　　　　調 查 者：

　地址：　　　　　　　　日　　期：

　　　　　　　　　　　　聯絡人／負責人：

　電話：

　說明：

工作單 3

一週時間表

學生：甲＿＿＿＿＿＿＿

　　按學生起床、上學、放學回家至睡覺的時間順序，列出學生日常生活作息的資料。

主要環境	次級環境	活動	大約時間	是否適合實齡	學生在活動中的表現	教學優先順序高、中、低	說明
家庭	臥室	起床	6:00	否	母親一起床，通常甲就起床。但有時甲醒來，就躺在床上等，直到母親起床才跟著起床。	高	個案與母親、姊姊同睡一房，她通常不會自動起床，都是等別人的動作，再跟著做。
	臥室	換衣服		是	會自行更換衣服。	低	
	浴室	刷牙		是	自行刷牙。	中	母親因忙著準備上班，通常沒檢查她是否刷得乾淨。
	浴室	洗臉		是	自行洗臉。	中	母親通常也沒檢查此項。
	廚房	吃早餐	7:00	是	會自行進食，通常都吃得滿臉與桌上都有殘餘菜屑與飯粒。	高	
社區	大鵬路上	等候校車	7:15	是	通常會自行走路至候車地點，有時則需甲母催促才會出門等車。	低	

工作單 4

一週時間表（續）

學生：甲＿＿＿＿＿＿＿

　　按學生起床、上學、放學回家至睡覺的時間順序，列出學生日常生活作息的資料。

主要環境	次級環境	活動	大約時間	是否適合實齡	學生在活動中的表現	教學優先順序高、中、低	說明
社區	大鵬路至×路	返家	4:20〜4:30	是	自行走路回家。	低	有時會在路上的店家買明星照片等逗留半小時才回家。
家庭	廚房	吃點心	4:30〜5:30	是	自行翻找冰箱內的東西來吃。會以電鍋蒸粽子、包子等來吃。（但有時水放太少沒蒸熟，會抱怨母親買的東西不好吃。）	中	個案母親5:30以後才回家，甲母通常會為甲準備東西放在冰箱內，以便甲肚子餓時，可自行弄熱來吃。
家庭	客廳	看電視或聽音樂、跳舞	5:30〜7:00	是	會自行開電視來看，或開錄音機聽音樂，常常會跟著哼唱或跳舞。	低	有時不太會操作錄音機，會卡帶。
家庭	廚房	用晚餐	7:00〜8:00	是	與家人一同進餐，通常不會幫忙擺碗筷。甲愛吃肉（煮得軟軟的）、軟的食物。平常不愛吃青菜，也是吃得滿臉。	高	個案蛀牙嚴重，吃青菜時會向其母報怨青菜塞牙齒，不好咬等。
家庭	客廳	看電視	8:00〜9:00	是	與姊姊、妹妹一起觀看連續劇。	低	
家庭	浴室	洗澡	9:00〜10:00	是	母親幫甲放水，甲再去洗澡，通常母親不檢查他是否洗得乾淨。	高	

工作單 4（續）

一週時間表（續）

學生：甲

　　按學生起床、上學、放學回家至睡覺的時間順序，列出學生日常生活作息的資料。

主要環境	次級環境	活動	大約時間	是否適合實齡	學生在活動中的表現	教學優先順序高、中、低	說明
家庭	臥房	睡覺	10:30	否	不會自行去睡，通常等母親一起就寢，若母親晚睡則甲亦然。	中	

工作單 5

額外的例行活動表

學生：菲利普

列出學生一週（週一至週五）的活動，但不是每天例行的活動。

主要環境	次級環境	活動	大約時間	是否適合實齡	學生在活動中的表現	教學活動順序高、中、低	說明
社區	大樂或家樂福	與父母一起購物	每週一次或二次	是	幫父母推購物車、看東西，拿自己愛吃的東西，回家會幫忙拿東西。	低	
家庭	浴室	洗頭	每週一、二次	否	母親幫甲洗頭、沖水，甲完全不動手，甲非常害怕水沖到眼睛。	高	
家庭	臥室	綁頭髮	每週一、二次	是	母親幫個案梳頭、綁頭髮。	低	通常甲綁一次頭髮，約二至三天才會再重新綁。

工作單 6

週末活動表

學生：甲＿＿＿＿＿＿＿

列出學生週末的例行活動。

主要環境	次級環境	活動	大約時間	是否適合實齡	學生在活動中的表現	教學優先順序高、中、低	說明
社區	高雄公園	與父母一起散步	每星期天早上	是	與父母一起活動。遇到鄰居或父母的朋友通常很害羞，不會到處亂跑。	低	

工作單 7

行為與基本技能資料表

學生：甲＿＿＿＿＿＿＿＿

　　＿甲＿（學生名字）喜歡哪些活動？不喜歡哪些活動？他／她如何
　　　　　讓你知道？

喜歡：看電視
　　　唱歌　　｝哈哈笑、跟隨音樂哼唱
　　　跳舞　　｝擺動身體
　　　聽音樂
　　　購物－微笑

不喜歡：跑步　｝動作緩慢
　　　　打球　｝自動停止活動

　　　＿甲＿（學生名字）喜歡哪些食物？不喜歡哪些食物？他／她如何
　　　　　讓你知道？

喜歡：肉類　　　｝很快即吃完
　　　軟的食物　｝而且吃得很開心

不喜歡：青菜　　　｝留在盤中不吃
　　　　硬的食物　｝

　　　＿甲＿（學生名字）喜歡哪些互動方式？不喜歡哪些互動方式？他
　　　　　／她如何讓你知道？

喜歡：與家人或同學一起玩鬧
　　　與家人看電視　　｝微笑
　　　與同學聊天　　　｝哈哈笑

不喜歡：回答陌生人的問話　｝畏縮
　　　　回答長輩的問話　　｝低頭不語

工作單 8

行為與基本技能資料表（之二）

描述＿＿甲＿＿（學生名字）在下列各方的表現：

吃東西：吃一般的食物。可自行進食，但通常吃得滿桌、滿地的菜屑。以左手

溝通（接受）：能遵循指令。當有人指示她做事時，會點頭，有時會回答「嗯」。一次只能接受一個指令，交代事情較多時，則不知所措。

溝通（表達）：能以口語表達，通常能以簡單句子清楚地描述事情（但有時做錯事時，長輩或師長詢問，則不願回話。）

上廁所：能自行上廁所並處理善後。

肢體活動：四肢能靈活行動，但動作慢。

行為：說謊、偷錢。

你如何處理此生的不適當行為？
偷錢：恐嚇並將她鎖在門外直到晚上才准她進門，從此以後不敢再偷錢。
說謊：訓斥不可說謊，偶爾會再犯。

工作單 9

行為與基本技能資料表（之三）

關於__甲__（學生名字）的事情，有哪些我們尚未提到而你及你的家人認為是重要的？

甲放學回家後通常自己一人在家，而甲又正值青春期很喜歡接近異性。甲母較擔心她不會自我保護，被壞人帶走或欺負。

醫療資料：

曾使用何種藥物：沒有_____
_____

何時使用：_____

醫生：_____

對何種藥物、食物或東西過敏：不知道_____

_____

其他：_____

_____

工件單 10

家長／監護人對未來教學活動與環境之優先順序表

學生：甲＿＿＿＿＿＿＿＿＿＿　　日期：**84. 2. 19**＿＿＿＿＿＿＿＿

1. 在下列每個領域中（虛線的上方）列出從現在到未來的一、二或三年內你想要你的孩子參與的活動。這些活動要在何處進行？（虛線下方）。訪談者：可使用社區環境生態調查表與學生鄰近環境調查表來協助家長或撫養人列出活動與環境。
2. 列出活動、環境之後，由家長圈出每項活動的優先順序。須確定活動與環境是否適合學生的生理年齡（圈選是或否）。

家庭活動	娛樂／休閒活動	社區活動	職業活動
適合實齡（是）否） 優先順序：高 中 低	適合實齡（是）否） 優先順序：高（中）低	適合實齡（是）否） 優先順序：高（中）低	適合實齡（是）否） 優先順序：高（中）低
洗衣	唱卡拉O. K.	打公共電話	超商助手
家裡	家裡、一般的KTV 卡拉O. K. 店	社區內的卡式或投幣式公共電話	將來可能的就業場所
適合實齡（是）否） 優先順序：高 中 低	適合實齡（是）否） 優先順序：高（中）低	適合實齡（是 否） 優先順序：高 中 低	適合實齡（是）否） 優先順序：高（中）低
洗頭	打保齡球		包裝工作
家裡	保齡球館		學校 將來可能的就業場所
適合實齡（是 否） 優先順序：高 中 低	適合實齡（是 否） 優先順序：高 中 低	適合實齡（是 否） 優先順序：高 中 低	適合實齡（是 否） 優先順序：高 中 低

工作單 11

初步摘要／基本技能與各課程領域重要活動之統整

P 一家長
ST 一語言治療師
OT 一職能治療師
PT 一物理治療師
T 一教師
PE 一體育教師
A 一其他工作人員

學生：　甲
日期：84. 2. 19

優先教學活動	意見來源	將來(F)現在(P)	優先順位	做要求	抓	擦拭	搓洗	沖水	掃	拖	使用廁所	按鍵	取錢	看時間
家庭 自行起床	P/T	P	2									✔		✔
收拾餐桌	P	P	1	✔	✔									
洗頭	P/T	F	4	✔				✔						
洗衣	P/T	F	3				✔	✔						
休閒 使用錄音機	P/T	P	1	✔								✔		
跳舞	P/T	P	2	✔								✔		
唱卡拉0.K	P/T	F	3	✔								✔		
打保齡球	T	F	4	✔	✔									
職業 清潔工作	P/T	P	1	✔	✔	✔	✔	✔	✔	✔	✔			✔
洗車工作	P/T	P	2	✔	✔	✔	✔				✔			✔
超商助理	P/T	F	3	✔	✔	✔			✔	✔	✔			✔
包裝工作	P/T	F	4	✔							✔			✔
社區 購物	P/T	P	1	✔							✔		✔	
使用公廁	P	P	2	✔							✔			
打公共電話	P/T	F	4									✔	✔	
使用交通工具	P/T	F	3		✔								✔	✔

工作單 14

重要活動之教學順序檢核表

學生：＿＿＿甲＿＿＿　　　　日期：＿＿84. 2. 19＿＿

在下列每個領域中寫下四項撫養人選出之最重要活動。在每項問題欄中評分，10（高）5（中）1（低）。

再依總分列出每個領域中每項活動的教學順序。分數愈高，為愈優先考慮之教學活動。

這個活動……	家庭				休閒				職業				社區			
	自行起床	收拾餐桌	洗頭	洗衣	使用錄音機	跳舞	唱卡拉ok	打保齡球	清潔工作	洗車工作	超商助手	包裝工作	購物	使用公廁	打公共電話	使用交通工具
1.學生喜歡嗎？	1	5	1	1	10	10	10	10	5	5	10	10	10	5	5	1
2.能以適合實齡的教材指導或在適合實齡的環境中被指導嗎？	10	10	10	10	10	10	10	10	10	10	10	10	10	10	10	10
3.能減輕撫養者在生活照顧上的負擔？	10	10	10	10	5	5	1	1	10	5	1	1	10	5	5	10
4.會使學生變得較獨立？	10	10	10	10	5	1	1	1	10	10	10	10	10	10	10	10
5.會經常發生在各種環境中？	10	5	1	1	5	5	1	1	10	5	1	1	10	10	5	10
6.非常有可能會被應用在將來的生活環境中？	10	10	10	10	10	10	1	1	10	5	1	5	10	10	10	10
7.會擴大學生參與的環境？	10	10	10	10	5	5	10	10	10	10	10	5	10	10	10	10
8.很有可能藉著或不需輔助性策略的協助，在教導一段時間後學會。	5	10	1	5	10	10	5	1	10	5	1	1	10	10	5	1
9.增加與常人互動的機會？	5	5	1	1	5	5	10	10	5	10	10	10	10	10	10	10
10.增加參與常人環境的機會？	5	5	1	1	5	5	10	10	10	10	10	10	10	10	10	10
總計：	76	80	55	59	70	66	59	55	90	70	64	62	100	90	80	82
順位：	2	1	4	3	1	2	3	4	1	2	3	4	1	2	4	3

工作單 15

重要活動與環境檢核表（評量／教學）

　　利用從教學順序檢核表（工作單 14）所得之資料，加上教師喜愛的活動列下暫時的主要教學活動與環境。要記下此活動是學生目前或未來能參與、是教師或重要人員喜好的活動。如果是教師喜愛的活動在此表背面寫出理由。與撫養人溝通並討論所有的活動與環境，並記下其建議。

<table>
<tr><th colspan="2"></th><th>活

動</th><th>環、

境</th><th>未來（F）現在（P）</th><th>教師喜好活動（T）</th><th>重要人員喜好活動（S.O.）</th><th>撫養人的建議</th><th>備

註</th></tr>
<tr><td rowspan="3">家

庭</td><td>收拾餐桌</td><td>家裡、學校</td><td>P</td><td></td><td>S.O.</td><td></td><td></td></tr>
<tr><td>洗衣</td><td>家裡、學校</td><td>F</td><td></td><td>S.O.</td><td>使用洗衣機
（單槽的）</td><td></td></tr>
<tr><td>洗頭</td><td>家裡</td><td>F</td><td></td><td>S.O.</td><td></td><td></td></tr>
<tr><td rowspan="2">休閒／娛樂</td><td>使用錄音機</td><td>家裡、學校</td><td>P</td><td></td><td>S.O.</td><td></td><td></td></tr>
<tr><td></td><td></td><td></td><td></td><td></td><td></td><td></td></tr>
<tr><td rowspan="3">職

業</td><td>清潔工作</td><td>學校、家裡
實習場所</td><td>P</td><td></td><td>S.O.</td><td></td><td></td></tr>
<tr><td>洗車工作</td><td>學校
洗車場</td><td>P</td><td></td><td>S.O.</td><td></td><td></td></tr>
<tr><td></td><td></td><td></td><td></td><td></td><td></td><td></td></tr>
<tr><td rowspan="3">社

會</td><td>購物</td><td>社區的便利
商店</td><td>P</td><td></td><td>S.O.</td><td>買餅乾、日
用品等</td><td></td></tr>
<tr><td>使用公廁</td><td>社區內的公
廁、大賣場
內的公廁</td><td>P</td><td></td><td>S.O.</td><td></td><td></td></tr>
<tr><td>打公共電話</td><td>社區內的公
用電話</td><td>P</td><td></td><td>S.O.</td><td>打市內電話</td><td></td></tr>
</table>

工作單 16

活動分析

活動：<u>在便利商店購買飲料</u>　　指導範圍：<u>學校附近的 7-11 商店</u>

一 般 技 能	相關的刺激變化	相關的技能變化	一般標準	例　　外
進入商店 找到陳列飲料的走道。	一陳列飲料的走道。 一櫃台人員。	一查看每個走道陳列的物品。 一詢問櫃台人員：「飲料放哪裡？」		
選擇想買的飲料	各式飲料。	一查看是否有想買的飲料。		一找不到想買的飲料，買別的或詢問櫃台。
看標價	一飲料罐上的價格標籤。	一確定是否帶夠錢。 一錢不夠時，換便宜的，或決定不買。	15 秒	
看有效日期	一飲料瓶上標示的有效日期。	一確定是否在有效期限內。如果是，則拿到櫃台結帳。 一如果過了安全期限，則換一瓶，再重覆上述動作。	20 秒	一飲料上的有效期限標示不清楚，換一瓶。

工作單 16（續）

活動分析

活動：<u>在便利商店購買飲料</u>　　指導範圍：<u>學校附近的 7-11 商店</u>

一　般　技　能	相關的刺激變化	相關的技能變化	一般標準	例　　外
將飲料拿至櫃台結帳	一櫃台、收銀機。 一櫃台人員。	一櫃台有人付帳時，會排隊等候。		
取錢結帳	一收銀機上標示的金額。 一櫃台人員。	一查看收銀機上的總金額。 一依飲料上的標價付帳。	15 秒	一收銀機故障，店員以口語告知價錢，會依金額付錢。
取統一發票、飲料，及找錢	一櫃台人員遞上統一發票、飲料及找錢。	抓取東西。	5 秒	一東西沒拿好掉到地上，彎腰拾起。
核對找回的錢是否正確並離開	一找回的錢。	一數找回的錢是否正確，正確則離開。	25 秒	一找回的錢錯誤，詢問櫃台。

工作單 17

學生評量

學生：乙＿＿＿＿　　活動：在便利商店買飲料＿　　日期：85.6.10

自 然 提 示	活 動 步 驟	起始與使用自然提示的能力	肢體參與情形	社交／溝通技能參與情形	增 進 參 與 活 動 的 方 法
1. 口渴	找到便利商店	口語協助	走路		可試著用非口語提示，如手勢。
2. 到達便利商店	進入便利商店	獨立	走進		
3. 各式商品	找到陳列飲料的走道	獨立	走在窄小走道	觀看四週以找尋飲料	
4. 各種飲料	選擇飲料	獨立	翻找想買的飲料		
5. 飲料瓶上的價格標籤	看標價	獨立	拿取飲料並找出標價		
6. 飲料瓶上的有效期限	看有效期限	口語協助	握住飲料並找出有效日期	看教師以尋求協助	在家裡與學校練習算出有效期限。
7. 櫃台、收銀員	將飲料拿到櫃台結帳	獨立	走路、握住東西	看櫃台的方向	
8. 櫃台前有人排隊	排隊等候	獨立	在隊伍中前進並握住東西	看著櫃台人員	
9. 櫃台的收銀員	接近收銀員並將東西放在櫃台	獨立	接近櫃台	看著收銀員	
10. 收銀機上的金額	取錢付帳	口語提示	從口袋取出錢來	看著教師，似乎詢問是否錢數正確	在家裡及學校練習依金額付款及一百元以下的購物。
11. 統一發票、找回的錢、飲料	取統一發票、飲料及找回的錢	獨立	抓取東西		
12. 找回的錢	核對找錢是否正確	口語提示	數錢	看教師尋求協助	利用計算機，算出找錢金額。在家及學校練習。
13「謝謝光臨」	離開	獨立	離開		

建議：乙的購物能力須加強的部份為依物品價格付款及核對找回的錢。建議在學校多練習付款，並練習以計算機協助加總及算找回的零錢。

工作單 1

家長／監護人 訪視表

學生：＿＿＿＿＿＿＿　至訪談地點的說明：＿＿＿＿＿＿＿

生日；＿＿年＿月＿日　＿＿＿＿＿＿＿＿＿＿＿＿＿＿＿

地址：＿＿＿＿＿＿＿＿＿＿＿＿＿＿＿＿＿＿＿＿＿＿＿＿

電話：＿＿＿＿＿＿＿（家）＿＿＿＿＿＿＿＿＿＿（公司）

家長／監護人姓名：＿＿＿＿＿＿　重要關係人：＿＿＿＿＿

訪視日期：＿＿＿＿＿＿＿＿＿＿　訪　視　人：＿＿＿＿＿

指定之教學服務評量

神經生理評量：＿＿＿＿＿＿＿＿＿＿＿＿＿＿＿＿＿＿＿＿

＿＿＿＿＿＿＿＿＿＿＿＿＿＿＿＿＿＿＿＿＿＿＿＿＿＿＿

心理醫師：＿＿＿＿＿＿＿＿＿＿＿＿＿＿＿＿＿＿＿＿＿＿

語言評量：＿＿＿＿＿＿＿＿＿＿＿＿＿＿＿＿＿＿＿＿＿＿

其　　他：＿＿＿＿＿＿＿＿＿＿＿＿＿＿＿＿＿＿＿＿＿＿

醫療資料：＿＿＿＿＿＿＿＿＿＿＿＿＿＿＿＿＿＿＿＿＿＿

＿＿＿＿＿＿＿＿＿＿＿＿＿＿＿＿＿＿＿＿＿＿＿＿＿＿＿

其他目關服務人員（地區中心、職業訓練等）：＿＿＿＿＿＿

＿＿＿＿＿＿＿＿＿＿＿＿＿＿＿＿＿＿＿＿＿＿＿＿＿＿＿

＿＿＿＿＿＿＿＿＿＿＿＿＿＿＿＿＿＿＿＿＿＿＿＿＿＿＿

工作單 2

（訪談前與訪談後使用）

社區環境生態調查表

領域：＿＿＿＿＿＿＿＿　　交通工具：＿＿＿＿＿＿＿＿

環境：＿＿＿＿＿＿＿＿　　調 查 者：＿＿＿＿＿＿＿＿

地址：＿＿＿＿＿＿＿＿　　日　　期：＿＿＿＿＿＿＿＿

　　　　　　　　　　　　聯絡人／負責人：＿＿＿＿＿＿

電話：＿＿＿＿＿＿＿＿

說明：

社區環境生態調查表

領域：＿＿＿＿＿＿＿＿　　交通工具：＿＿＿＿＿＿＿＿

環境：＿＿＿＿＿＿＿＿　　調 查 者：＿＿＿＿＿＿＿＿

地址：＿＿＿＿＿＿＿＿　　日　　期：＿＿＿＿＿＿＿＿

　　　　　　　　　　　　聯絡人／負責人：＿＿＿＿＿＿

電話：＿＿＿＿＿＿＿＿

說明：

工作單 3

一週時間表

學生：＿＿＿＿＿＿＿＿

　　按學生起床、上學、放學回家至睡覺的時間順序，列出學生日常生活作息的資料。

主要環境	次級環境	活動	大約時間	是否適合實齡	學生在活動中的表現	教學優先順序高、中、低	說明

工作單 5

額外的例行活動表

學生：＿＿＿＿＿＿＿＿＿

列出學生一週（週一至週五）的活動，但不是每天例行的活動。

主要環境	次級環境	活動	大約時間	是否適合實齡	學生在活動中的表現	教學優先順序高、中、低	說明

工作單 6

週末活動表

學生：＿＿＿＿＿＿＿＿

　　列出學生週末的例行活動。

主要環境	次級環境	活動	大約時間	是否適合實齡	學生在活動中的表現	教學優先順序高、中、低	說　明

工作單 7

行為與基本技能資料表

學生：＿＿＿＿＿＿＿＿

＿＿＿＿＿＿＿＿（學生名字）喜歡哪些活動？不喜歡哪些活動？他／她如何讓你知道？

＿＿＿＿＿＿＿＿（學生名字）喜歡哪些食物？不喜歡哪些食物？他／她如何讓你知道？

＿＿＿＿＿＿＿＿（學生名字）喜歡什麼互動方式？不喜歡哪些互動方式？他／她如何讓你知道？

工作單 8
行為與基本技能資料表（之二）

描述＿＿＿＿＿＿＿（學生名字）在下列各方面的表現：

吃東西：

溝通（接受）：

溝通（表達）：

上廁所：

肢體活動：

行為：

你如何處理此生的不適當行為？

工作單 9

行為與基本技能資料表（之三）

　　關於＿＿＿＿＿＿（學生名字）的事情，有哪些我們尚未提到而你及你的家人認為是重要的？

醫療資料：

曾使用何種藥物：＿＿＿＿＿＿＿＿＿＿＿＿＿＿＿＿＿＿＿＿＿

何時使用：＿＿＿＿＿＿＿＿＿＿＿＿＿＿＿＿＿＿＿＿＿＿＿＿＿＿

醫生：＿＿＿＿＿＿＿＿＿＿＿＿＿＿＿＿＿＿＿＿＿＿＿＿＿＿＿＿

對何種藥物、食物或東西過敏：＿＿＿＿＿＿＿＿＿＿＿＿＿＿＿＿

＿＿＿＿＿＿＿＿＿＿＿＿＿＿＿＿＿＿＿＿＿＿＿＿＿＿＿＿＿＿＿

其他：＿＿＿＿＿＿＿＿＿＿＿＿＿＿＿＿＿＿＿＿＿＿＿＿＿＿＿＿

＿＿＿＿＿＿＿＿＿＿＿＿＿＿＿＿＿＿＿＿＿＿＿＿＿＿＿＿＿＿＿

工件單 10

家長／監護人對未來教學活動與環境之優先順序表

學生：_____　　日期：_____

1. 在下列每個領域中（虛線的上方）列出從現在到未來的一、二或三年內你想要你的孩子參與的活動。這些活動要在何處進行？（虛線下方）。訪談者：可使用社區環境生態調查表與學生鄰近環境調查表來協助家長或撫養人列出活動與環境。
2. 列出活動、環境之後，由家長圈出每項活動的優先順序。須確定活動與環境是否適合學生的生理年齡（圈選是或否）。

家庭活動	娛樂／休閒活動	社區活動	職業活動
適合實齡（是　否） 優先順序：高 中 低	適合實齡（是　否） 優先順序：高 中 低	適合實齡（是　否） 優先順序：高 中 低	適合實齡（是　否） 優先順序：高 中 低
適合實齡（是　否） 優先順序：高 中 低	適合實齡（是　否） 優先順序：高 中 低	適合實齡（是　否） 優先順序：高 中 低	適合實齡（是　否） 優先順序：高 中 低
適合實齡（是　否） 優先順序：高 中 低	適合實齡（是　否） 優先順序：高 中 低	適合實齡（是　否） 優先順序：高 中 低	適合實齡（是　否） 優先順序：高 中 低

工作單 11

初步摘要／基本技能與各課程領域重要活動之統整

P 一家長
ST 一語言治療師
OT 一職能治療師
PT 一物理治療師
T 一教師
PE 一體育教師
A 一其他工作人員

學生：_____
日期：_____

優先教學活動	意見來源	將現來在 F P	優先順位	基　本　技　能					
家庭									
休閒									
職業									
社區									

工作單 12（訪談之後使用）

進一步聯絡事項摘要表

1. 在結束訪談或做訪談結論時，家長／撫養人增加了其他重要資料。

2. 其他有可能聯絡的重要關係人員：

　　姓名：＿＿＿＿＿　關係：＿＿＿＿＿　是否接受訪談：＿＿＿＿＿

　　地址：＿＿＿＿＿＿＿＿＿＿＿＿＿＿＿＿＿＿＿＿＿＿＿

　　電話：＿＿＿＿＿＿＿＿＿＿＿＿＿＿＿

　　姓名：＿＿＿＿＿　關係：＿＿＿＿＿　是否接受訪談：＿＿＿＿＿

　　地址：＿＿＿＿＿＿＿＿＿＿＿＿＿＿＿＿＿＿＿＿＿＿＿

　　電話：＿＿＿＿＿＿＿＿＿＿＿＿＿＿＿

3. 下次與家長／撫養人聯絡有關事項的目的：

　　日期：＿＿＿＿＿　電話聯絡：＿＿是＿＿否

　　時間：＿＿＿＿＿　若非電話聯絡，地點：＿＿＿＿＿＿＿＿＿＿

　　附記：（有關下次聯絡事宜）

　　＿＿＿＿＿＿＿＿＿＿＿＿＿＿＿＿＿＿＿＿＿＿＿＿＿＿＿

　　＿＿＿＿＿＿＿＿＿＿＿＿＿＿＿＿＿＿＿＿＿＿＿＿＿＿＿

　　＿＿＿＿＿＿＿＿＿＿＿＿＿＿＿＿＿＿＿＿＿＿＿＿＿＿＿

工作單 13

其他重要人員訪談表

學生：＿＿＿＿＿＿＿＿＿＿＿＿＿

當你訪談家長／撫養人以外的人員可使用本表。訪談前必須徵得這些人同意才可進行訪談。

其他重要人員姓名：＿＿＿＿＿＿＿　關係：＿＿＿＿＿＿＿＿

年齡

問　題　／　要　點	其他重要人員的回答／說明
1.	
2.	
3.	
4.	
5.	
6.	
一般說明／進一步聯絡事項：	

工作單 14

重要活動之教學順序檢核表

學生：＿＿＿＿＿＿＿＿＿　　日期：＿＿＿＿＿＿＿＿＿

在下列每個領域中寫下四項撫養人選出之最重要活動。在每項問題欄中評分，10（高）
5（中）1（低）。

再依總分列出每個領域中每項活動的教學順序。分數愈高，為愈優先考慮之教學活動。

	家　庭				休　閒				職　業				社　區			
這個活動……																
1. 學生喜歡嗎？																
2. 能以適合實齡的教材指導或在適合實齡的環境中被指導嗎？																
3. 能減輕撫養者在生活照顧上的負擔？																
4. 會使學生變得較獨立？																
5. 會經常發生在各種的環境中？																
6. 非常有可能會被應用在將來的生活環境中？																
7. 會擴大學生參與的環境？																
8. 很有可能藉著或不需輔助性策略的協助，在教導一段時間後學會。																
9. 增加與常人互動的機會？																
10.增加參與常人環境的機會？																
總計：																
順位：																

工作單 15

重要活動與環境檢核表（評量／教學）

　　利用從教學順序檢核表（工作單 14）所得之資料，加上教師喜愛的活動列下暫時的主要教學活動與環境。要記下此活動是學生目前或未來能參與、是教師或重要人員喜好的活動。如果是教師喜愛的活動，在此表背面寫出理由。與撫養人溝通並討論所有的活動與環境，並記下其建議。

	活　　動	環　　境	未來（F）現在（P）	教師喜好活動（T）	活動（S.O.）重要人員喜好	撫養人的建議	備　　註
家庭							
休閒／娛樂							
職業							
社會							

工作單 16

活動分析

活動：＿＿＿＿＿＿＿＿　　　　指導範圍：＿＿＿＿＿＿＿＿

一　般　技　能	相關的刺激變化	相關的技能變化	一般標準	例　　　外

工作單 17

學生評量

學生：＿＿＿＿＿＿　　活動：＿＿＿＿＿＿＿＿　　日期：＿＿＿＿＿

自 然 提 示	活 動 步 驟	起始與使用自然提示的能力	肢體參與情形	社交／溝通技能參與情形	增 進 參 與 活 動 的 方 法

建議：

工作單 18

訓練環境檢核表

環　　境
圈選：N＝自然環境　　I＝教學環境

	N/I	N/I	N/I	N/I	N/I	N/I	N/I	N/I	N/I	N/I	N/I

工作單 19

教學計畫表（活動／目標）

活動：_____

學生：_____

統合目標；_____

_____

_____

_____

_____

_____

_____

_____

基本技能：	步驟：
_____	_____
_____	_____
_____	_____
_____	_____
_____	_____
_____	_____

一週的天數；星期一　星期二　星期日
　　　　　　星期三　星期四
　　　　　　星期五　星期六

大約的活動時間：_____

一般人的活動時間：_____

自然環境：_____

教學環境：_____

教學活動過程摘要：_____

替代／輔助性策略：_____

行為管理：_____

增強時間表：_____

課程修改標準_____

課程檢討日期：_____

訓練者的位置：_____

測試項目：_____

_____

工作單 20

教學計畫單

活動：_____　學生：_____

	材料：	材料：	材料：	材料：	材料：
提示					
反應					
校正					
教學結果					

工作單 21

活動順序與資料蒐集表

學生：＿＿＿＿＿＿＿＿＿＿　　起始日期：＿＿＿＿＿＿＿＿＿

重要活動：＿＿＿＿＿＿＿＿＿＿＿＿＿＿＿＿＿＿＿＿＿＿＿＿＿

日期：自然環境（N），非自然環境（S）：

反應／反應的變化												結　論
結　論												

工作單 22

ICSM　資料匯整圖

學生：＿＿＿＿＿＿　活動：＿＿＿＿＿＿　成功標準：＿＿＿＿＿＿＿

＊ I ＝教學環境　 N ＝自然環境

工作單 23

訓練環境分組表

環境：_____ 學生／活動／時間	環境：_____ 學生／活動／時間	環境：_____ 學生／活動／時間	環境：_____ 學生／活動／時間
環境：_____ 學生／活動／時間	環境：_____ 學生／活動／時間	環境：_____ 學生／活動／時間	環境：_____ 學生／活動／時間
環境：_____ 學生／活動／時間	環境：_____ 學生／活動／時間	環境：_____ 學生／活動／時間	環境：_____ 學生／活動／時間

工作單 24

固定與彈性時段表

時　段	星期一	星期二	星期三	星期四	星期五	星期六

工作單 25

主要時間表

一週的天數：

時間： 環境： 訓練者： 學生／活動：				

工作單 26
個別時間表

學生：_____

工作單 27

個別教學管理表

v ＝活動
no ＝沒機會
A ＝缺席
M ＝維持

學生：＿＿＿＿＿＿＿＿

重要活動／技能

														備　　註

日期

工作單 28

個別化教育方案（IEP）追蹤表

學生：＿＿＿＿＿＿＿＿＿＿＿＿＿＿＿

家長／撫養人：＿＿＿＿＿＿＿＿　　電話：＿＿＿＿＿＿＿＿＿＿

其他重要人員：＿＿＿＿＿＿＿　　　電話：＿＿＿＿＿＿＿＿＿＿

課程領域：＿＿＿＿＿＿＿＿＿＿＿＿

重要活動	日期	學生是否曾參與此活動？	多少次？	提供何種協助？	你需要協助嗎？	在此領域中的說明／問題／其他重要活動

工作單 29

重要活動記錄表

學生：＿＿＿＿＿＿＿＿＿＿＿＿

領域：＿＿＿＿＿＿＿＿＿＿＿＿

活　　動	技　能	替代／輔助性策略	學生的表現水準	訓練人員比率	日　期	備　　註

修正工作單使用說明

(一)社區環境生態調查表：

　　　　修正自 ICSM 社區環境生態調查表，於家訪前調查學生居家附近的環境，並於家訪時與家長討論學生參與這些環境的情形，以作為決定教學目標的參考。

(二)一週時間表：

　　　　與原先的表格大同小異，僅在「是否適合實齡」與「教學優先順序」兩欄修正為勾選方式，方便教師進行家訪時填寫，此表目的為調查學生典型一天的活動。

(三)額外的例行活動表：

　　　　與原先的表格大同小異，僅在「是否適合實齡」與「教學優先順序」兩欄修正為勾選方式，方便教師進行家訪時填寫，此表目的為調查學生非每天進行的例行活動。

(四)週末活動表：

　　　　與原先的表格大同小異，僅在「是否適合實齡」與「教學優先順序」兩欄修正為勾選方式，方便教師進行家訪時填寫。此表目的為調查學生週末經常進行的活動。

(五)行為與基本技能資料表及未來活動調查表

　　　　此表為調查學生基本能力及未來活動，若有除主要照顧者之外的重要他人意見也可記錄於此。

(六)重要教學活動與環境彙整表：

　　　　此張表格用來彙整家訪中與家長共同討論的學生目前與未來之重要活動。

(七)預定教學進度表：

　　　　當 IEP 設計完成後，可用此張表格規劃整學期的教學活動，教師於學期初或開學前預先將這學期的教學進度排定，但可視實際教學狀況作調整。

(八)活動分析表：

　　　　當這學期預定的課程排定後，教師要著手進行某一項活動的教學時，可以分析重要活動的步驟、參與此活動需運用的技能，有什麼自然刺激，以及可能會發生的例外與錯誤有哪些，教師在教導學生重要活動時才能作全面性的規劃。

(九)學習評量表：

　　　　教學前的能力分析欄，教師可用以評量學生目前能力（起點能力）。

　　　　開始教學時，教師可在教學記錄欄記錄學生學習狀況。

(十)重要活動教學計劃表：

　　　　當教師要著手進行某一項活動的教學時，可以此表格規劃某一重要活動的教學。

(十一)個別化教育計劃（IEP）追蹤表：

　　　　此表可用以追蹤學生在家是否參與老師教過的重要活動或家長記錄學生在家的表現，老師可依據此記錄加強學生待改善的部分，或與家長溝通如何增進學生在家參與活動的機會。

㈠ A 生的社區環境生態調查表

領域	環境	地址	住家的距離／交通工具／與	負責人／聯絡電話	該生使用頻率及表現情形	說明	調查者
社區	7-11 便利商店	高市凱旋路與憲政路口	走路/10分鐘	222-2222 店長×××	目前是否有使用■是 □否 一星期 3 次 是否需協助■是 □否	會自己找東西，媽媽拿到櫃臺結帳，可訓練A生獨立買東西	李淑貞
休閒	××保齡球館	高市福德與三多一路交叉口	搭車/10分鐘	233-3333	目前是否有使用□是 ■否 一星期 0 次 是否需協助■是 □否	家人有打保齡球，但A不會，因此沒帶他去，可訓練A打保齡球	李淑貞
					目前是否有使用□是 □否 一星期 3 次 是否需協助□是 □否		
					目前是否有使用□是 □否 一星期 0 次 是否需協助□是 □否		
					目前是否有使用□是 □否 一星期 3 次 是否需協助□是 □否		
					目前是否有使用□是 □否 一星期 3 次 是否需協助□是 □否		
					目前是否有使用□是 □否 一星期 0 次 是否需協助□是 □否		

(二)一週時間表

學生：＿＿＿＿＿＿＿＿

　　按學生起床、上學、放學回家至睡覺的時間順序，列出學生日長生活作息的資料。

主要環境	次級環境	活動	大約時間	是否適合實齡	學生在活動中的表現	教學優先順序	說明
				是□ 否□		高□中□低□	
				是□ 否□		高□中□低□	
				是□ 否□		高□中□低□	
				是□ 否□		高□中□低□	
				是□ 否□		高□中□低□	
				是□ 否□		高□中□低□	
				是□ 否□		高□中□低□	
				是□ 否□		高□中□低□	
				是□ 否□		高□中□低□	
				是□ 否□		高□中□低□	
				是□ 否□		高□中□低□	
				是□ 否□		高□中□低□	
				是□ 否□		高□中□低□	
				是□ 否□		高□中□低□	
				是□ 否□		高□中□低□	
				是□ 否□		高□中□低□	
				是□ 否□		高□中□低□	

(三)額外的例行活動表

學生：_____

列出學生一週（週一至週五）的活動，但不是每天例行的活動。

主要環境	次級環境	活動	大約時間	是否適合實齡	學生在活動中的表現	教學優先順序	說明
				是□ 否□		高□中□低□	
				是□ 否□		高□中□低□	
				是□ 否□		高□中□低□	
				是□ 否□		高□中□低□	
				是□ 否□		高□中□低□	
				是□ 否□		高□中□低□	
				是□ 否□		高□中□低□	
				是□ 否□		高□中□低□	
				是□ 否□		高□中□低□	
				是□ 否□		高□中□低□	
				是□ 否□		高□中□低□	
				是□ 否□		高□中□低□	
				是□ 否□		高□中□低□	
				是□ 否□		高□中□低□	
				是□ 否□		高□中□低□	
				是□ 否□		高□中□低□	

㈣週末活動表

學生：＿＿＿＿＿＿＿

列出學生週末的例行活動。

主要環境	次級環境	活動	大約時間	是否適合實齡	學生在活動中的表現	教學優先順序	說明
				是☐ 否☐		高☐中☐低☐	
				是☐ 否☐		高☐中☐低☐	
				是☐ 否☐		高☐中☐低☐	
				是☐ 否☐		高☐中☐低☐	
				是☐ 否☐		高☐中☐低☐	
				是☐ 否☐		高☐中☐低☐	
				是☐ 否☐		高☐中☐低☐	
				是☐ 否☐		高☐中☐低☐	
				是☐ 否☐		高☐中☐低☐	
				是☐ 否☐		高☐中☐低☐	
				是☐ 否☐		高☐中☐低☐	
				是☐ 否☐		高☐中☐低☐	
				是☐ 否☐		高☐中☐低☐	
				是☐ 否☐		高☐中☐低☐	
				是☐ 否☐		高☐中☐低☐	
				是☐ 否☐		高☐中☐低☐	

㈤行為與基本技能資料表與未來活動調查表（之一）

學生：＿＿＿＿＿＿＿＿　　　日期：＿＿＿＿＿＿＿＿

請在此欄列出學生喜歡與厭惡的人事物			說明
食物	喜歡		
	不喜歡		
飲料	喜歡		
	不喜歡		
玩具或一般物品、動物等	喜歡		
	不喜歡（害怕）		
休閒活動	喜歡		
	不喜歡		
家務	喜歡		
	不喜歡		
互動方式	喜歡		
	不喜歡		
家人	喜歡		
	害怕		

請在此欄寫出學生在下列各方面的表現	
進食能力	
接受性溝通能力	
表達性溝通能力	
如廁能力	
肢體活動	
行為問題	行為描述： 你曾如何處理他的不當行為？

行為與基本技能資料表（之二）

請在此欄寫下學生的醫療資料		說明
學生的身體狀況		
對什麼食物過敏？		
對什麼藥物過敏？		
對什麼東西過敏？		
目前服用藥物？	藥名： 何時服用： 　　醫院　　　　　　醫師開藥	
其他有關學生身體需要特別注意事項？		

未來期望與其他重要事項					教學優先順位
對學生未來的期望	家庭／個人生活領域				
	社會適應領域				
	職業生活領域				
	休閒／娛樂生活領域				
其他在家訪中尚未提到的重要事項？					
其他重要關係人	姓名	與學生的關係	電話	是否能接受訪談	

㈥重要教學活動與環境彙整表

學生：＿＿＿＿　　彙整者：＿＿＿＿　　日期：＿＿＿＿

（此張表格用來整理家訪中與家長共同討論的學生目前與未來之活動）

領域	重要活動與技能／環境	目前（P）未來（F）	家長／教師認為重要的活動	家長的建議	教育需求順位
		□P □F	□家長 □教師		
		□P □F	□家長 □教師		
		□P □F	□家長 □教師		
		□P □F	□家長 □教師		
		□P □F	□家長 □教師		
		□P □F	□家長 □教師		
		□P □F	□家長 □教師		
		□P □F	□家長 □教師		
		□P □F	□家長 □教師		
		□P □F	□家長 □教師		
		□P □F	□家長 □教師		
		□P □F	□家長 □教師		
		□P □F	□家長 □教師		
		□P □F	□家長 □教師		

(七)_____學校___年___班___度___學期**預定教學進度表**

教學者：_____　高組學生：×××、×××、×××、×××

教學進度	校外教學活動	各領域教學內容					
		家庭／個人	職業生活	社區生活	休閒生活	實用語文	實用數學
9/1～9/21（1-3週）	9/10搭公車參觀××洗衣場	1. 手洗個人衣物	1. 認識洗衣設備 2. 認識洗衣場洗衣作業流程 3. 進行洗衣收件工作 4. 認識洗衣標誌 5. 操作大型洗衣機	1. 認識公車站牌 2. 認識搭車流程 3. 搭車禮儀 4. 搭車安全 5. 社區活動安全常識： ＊行人安全 ＊防搶、防性侵害知識 ＊迷路求助 ＊受侵害求助 6. 搭乘公共汽車至××洗衣場	1. 使用錄音機聽音樂 2. 操作錄音機的正確方法 3. 使用電器用品的安全常識 4. 使用錄音機聽音樂的禮儀	1. 認讀及寫出衣物的名稱 2. 認讀及寫出衣物清潔用品名稱 3. 認讀洗衣標誌 4. 說出搭車禮貌用語	1. 組合錢幣（搭車所需金額等） 2. 計算找錢（100以下）

㈧活動分析表

領域：家庭／個人
主要環境：住家　　　　　　　代碼　：A-a-1-6b
次環境：浴室　　　　　　　　活動　：使用浴缸／大臉盆盛水洗頭髮

自然刺激	活動步驟	相關基本技能			例外或錯誤的處理
		認知：語文	認知：數學	其他	
頭髮髒了、有臭味	1.取洗髮精、潤絲精、水瓢、毛巾	1.教學時可能使用的語彙：洗頭髮、洗髮精、潤絲精、水瓢、毛巾 2.從浴缸旁（架上／儲櫃）擺放的清潔用品中分辨洗髮精	查看是否還有洗髮精	社會技能： 1.瞭解頭髮骯髒、發臭，會影響人際關係。 2.瞭解經常維持儀容的整潔會令人喜愛且是一項生活禮儀。	1.無法分辨洗髮精與沐浴乳，請求他人協助 2.無髮自己洗頭，請求他人協助
浴缸或大臉盆	2.清洗浴缸／大臉盆	教學時可能使用的語彙：刷洗、浴缸（臉盆）	注意水量	健康及衛生常識：瞭解以骯髒的浴缸盛水，可能會導致皮膚病	
塞子、漏水孔	3.以塞子塞住漏水孔	教學時可能使用的語彙：塞子、塞住、浴缸、洞			
藍色水龍頭、冷水開關	4.打開冷水	教學時可能使用的語彙：打開、藍色、水龍頭、冷水	注意水量大小		無法打開，請求他人協助
紅色水龍頭、熱水開關	5.打開熱水並調整水溫	教學時可能使用的語彙：打開、紅色、水龍頭、熱水、關小、開大、摸摸看、水溫、太燙、太熱、太冷、剛好	1.注意冷熱水量 2.注意水溫	安全常識： 1.注意慢慢將熱水調大，將冷水調小 2.注意不可完全關掉冷水 3.水溫忽冷忽熱不穩定時，先以水桶或浴缸盛水再洗，以免燙傷。	不小心被燙到，立即以冷水沖，若情況嚴重，告知家人協助送醫或自行就醫
浴缸內逐漸上升的水位	6.注意浴缸／臉盆的水位	教學時可能使用的語彙：注意、水、太少、太多、流出來	注意水位	環保常識：避免浪費水	
浴缸的水夠了	7.關上水龍頭	教學時可能使用的語彙：關水、關掉水龍頭		安全常識：先關熱水後關冷水，以免燙傷	
頭髮、水瓢	8.以水瓢舀水將頭髮沖濕	教學時可能使用的語彙：沖濕、頭髮		安全常識：不可以熱水沖頭髮	
濕頭髮、洗髮精	9.倒適量洗髮精在手上	教學時可能使用的語彙：倒洗髮精、少量	1.量的多寡 2.注意洗髮精的量	環保常識：不浪費洗髮精	倒太多洗髮精，打開瓶蓋倒一些回去
手上的洗髮精	10.將手上的洗髮精抹在頭上	教學時可能使用的語彙：抹頭髮			
頭上的洗髮精	11.以雙手指腹按摩、抓洗全部頭髮	語彙：抓、前面、後面、中間、旁邊	1.注意洗髮時間	安全常識： 1.隨時以毛巾擦掉流下的洗髮精，以免洗髮精流入眼睛 2.避免以長指甲用力抓，以致抓破頭皮 社會禮儀：避免抓洗過久，久站浴室，防礙他人使用浴室	洗髮精流入眼睛，以毛巾擦拭，並以清水沖洗眼睛

活動分析表（續）

領域：家庭／個人

主要環境：住家　　　　　　代碼　：A-a-1-6b

次環境：浴室　　　　　　　活動　：使用浴缸／大臉盆盛水洗頭髮

自然刺激	活動步驟	相關基本技能				例外或錯誤的處理
		認知：語文	認知：數學	其他		
頭上的泡沫	12.沖淨頭上泡沫	語彙：沖掉、沖水、泡沫	注意水量大小	安全常識： 1.注意水溫 2.閉上眼睛，避免水沖入眼睛 3.避免水沖入耳內 環保常識： 避免沖水過久，浪費水		頭髮沒沖淨，再沖一遍
洗髮後乾澀的頭髮	13.倒少許潤絲精在手上	語彙：倒潤絲精、少量、一點點	注意潤絲精的份量	環保常識： 避免使用過多潤絲精		倒太多洗髮精，打開瓶蓋倒一些回去
手上的潤絲精	14.將潤絲精抹在頭髮上	語彙：抹在頭髮				
頭上的潤絲精	15.以指腹按摩全部頭髮	語彙：按摩	注意按摩時間	社會禮儀： 避免按摩過久，久站浴室，防礙他人使用浴室		
潤絲過的頭髮	16.沖掉頭髮上的潤絲精	語彙：沖水、沖乾淨	注意水量大小	安全常識： 4.注意水溫 5.閉上眼睛，避免水沖入眼睛。 6.避免水沖入耳內 環保常識： 避免沖水過久，浪費水		頭髮沒沖淨，再沖一遍
乾淨的頭髮	17.以毛巾擦頭髮	語彙：擦頭髮、擦乾頭髮				
散落的洗髮精、潤絲精	18.將洗髮精、潤絲精歸回原位	語彙：洗髮精、潤絲精、放回原來的地方、歸位	注意物品擺放的位置(在某物之前或後、上或下)	社會禮儀： 瞭解物品用完後須歸位，以免他人需要時無法找到		
擦過頭的毛巾	19.將用過的毛巾放進待洗衣籃(洗衣機)	語彙：毛巾、丟進、放進、洗衣籃、洗衣機				
地上或浴缸的毛髮	20.清理地上或浴缸漏水孔的毛髮	語彙：頭髮、撿起來、丟進、拿去、垃圾桶		社會禮儀： 1.瞭解使用浴室後，須清理乾淨，以免讓他人清理自己的毛髮 2.瞭解讓他人清理自己使用過的浴室是不禮貌的行為		
地上的水	21.以拖把拖乾地板並將拖把歸位	語彙：拖把、拖地、扭乾、歸位		安全常識： 保持地板乾淨，以免進入浴室他人跌倒		

㈨學習評量表

班級：＿＿＿＿＿＿　學生姓名：＿＿＿＿＿＿　評量者：＿＿＿＿＿＿

教學場所：速食店　活動：用餐　代碼：＿＿＿＿＿＿

日期									年　月　日	
活動分析	學習記錄 □訓練期　□類化期　□追蹤期								教學前能力分析	
1. 取錢										
2. 找到社區的速食店										
3. 當櫃台服物員詢問：「這裡用或帶走？」會回答「這裡用」。										
4. 當櫃台服物員遞上點菜單時，會告訴服務員點餐內容（或查看櫃台上方列出的菜單，並告訴服務員點餐內容）										
5. 結帳並等候餐點										
6. 取餐巾紙、吸管										
7. 取走食物										
8. 找尋無人座位坐下並用餐										
9. 用餐桌完畢，收拾桌面並將垃圾丟入垃圾桶中										
10.椅子歸位並離去										
通過率	％	％	％	％	％	％	％	％	％	
相關技能（相關刺激與反應變化或例外的處理）										
1. 有人在櫃台前時，會排隊等候。									％	
2. 找不到空位，必須與他人合用一張餐桌時，會詢問「我可以坐這裏嗎?」									％	

☆記錄說明："6" 獨立完成，"5" 手勢提示，"4" 間接口語提示，"3" 直接口語提示，"2" 示範動作，"1" 部份肢體協助，"0" 完全肢體協助或沒反應 "?" 沒機會練習

☆其它說明：　　　　　　　　　　　☆評量標準：連續＿＿＿次達＿＿＿％即通過

☆教學決定：□繼續□類化□使用替代性方案

(卅)重要活動教學計劃表

活動：速食店用餐　　學生：國中（高組、低組）

目標：1.獨立至速食店點餐與用餐 2.能表現適當的用餐禮儀 3.能注意飲食衛生

預定教學日期：＿＿月＿＿日至＿＿月＿＿日

領域／學科：社區生活／生活教育、社會適應、實用語文、實用數學

自然環境：社區速食店　教學環境：學校教室　教學者：李淑貞老師

教學活動摘要	教學資源	備註
一、社會適應 1. 以逼真的模型或實物引起學生的學習動機。	模型／實物	1. 利用檢核表讓家長檢核學生在家用餐的禮儀。
2. 用圖卡與學生討論生活上曾有過至速食店用餐或電視上看過的經驗。	圖卡	2. 發校外教學通知單告知家長，校外教學地點與教學內容，請家長在家配合教學。
3. 用圖卡講述至社區速食店用餐的流程。	圖卡	3. 以 IEP 追蹤表追蹤學生在家時參與本活動的情形。
4. 用圖卡講述用餐禮儀。	圖卡	
5. 用圖卡學習用餐時如遇問題如何請求協助。	圖卡	
6. 利用角色扮演讓學生練習點餐。	模擬情境	
7. 利用中午在校用餐時，隨機教導學生一般的用餐禮儀。	學校供應的午餐、學生的餐具	
8. 讓學生在社區的速食店實地練習點餐和用餐禮儀等。	社區的速食店內的設施、餐點	
二、實用語文 1. 用字卡、圖卡認識速食店的餐點。	圖卡、字卡	
2. 用圖卡、字卡教導學生如何點餐。	圖卡	
3. 用圖卡讓學生練習說出餐點內容（低組）。	字卡、作業單	
4. 用字卡作圖形的配對、以作業單讓學生練習認讀餐點內容（高組）。		
5. 用自編的課文指導學生認讀速食店點餐流程（高組）。	自編的課文	
6. 用角色扮演的方式讓學生輪流點餐。	模擬情境	

7. 教導語言障礙的學生用圖卡、字卡來點餐。	圖卡、字卡、模擬情境	
三、實用數學		
1. 學習看餐點的價格。		
2. 用玩具鈔認識錢幣。	圖卡	
3. 會用等值或大於餐點價值的金額購買餐點（高組）。	玩具鈔票、硬幣	
4. 會認錢幣的外型，並會以足額的的錢幣購買餐點（低組）。	圖卡、玩具鈔票、硬幣、字卡 作業單、活動練習	
5. 會計算購買金額與需找回的金額（高組）。		
6. 實際演練的方式讓學生學習找錢（高組）。		
四、生活教育		
1. 用圖卡學習排隊點餐。		
2. 用圖卡、字卡學習飲食的衛生。		
3. 用圖卡、字卡學習用餐的禮儀。	圖卡、字卡 活動練習	
4. 用實際演練的方式排隊點餐。		
5. 實際演練的方式學習用餐禮儀。		

替代性／輔助性策略：帶足夠的金額，再用圖卡或字卡（寫上餐點的種類）直接
　　　　　　　　　點餐、或請求店員協助

類化測試項目：可至各式的速食店獨立點餐

㈤個別化教育計劃（IEP）追蹤表

學生：＿＿＿＿＿＿

家長簽名：＿＿＿＿＿＿

課程領域：生活教育＿＿＿

請家長填寫完後於　　月　　日交回，謝謝您的合作。

（重要活動與技能欄可文字描述也可加入圖，方便家長瞭解或可當學
生在家參與活動的檢查表）

重要活動與技能	請在本週日期底下寫出學生在家進行這些活動的次數									
	一 1/1	二 1/2	三 1/3	四 1/4	五 1/5	六 1/6	日 1/7	家長提供學生什麼協助？	教導貴子弟下列活動時，您需要協助嗎？有什麼問題嗎？	除了左列活作之外，學生還做了哪些事？
折被										
刷牙										
洗臉										
刮鬍子										
梳頭髮										

國家圖書館出版品預行編目（CIP）資料

中、重度障礙者有效教學法：個別化重要技能模式
（ICSM）/ Kathleen Teague Holowach 著. 李淑貞譯.
--初版.-- 臺北市：心理, 1997（民 86）
　面； 公分.--（障礙教育系列；63017）
含參考書目
譯自：Teaching that works: the individualized critical
　　　skills model
ISBN 978-957-702-224-0（平裝）

1. 智能不足教育－教學法

529.62　　　　　　　　　　　　　86005180

溝通教育系列 63017

中、重度障礙者有效教學法：個別化重要技能模式（ICSM）

作　　者：Kathleen Teague Holowach
譯　　者：李淑貞
總 編 輯：林敬堯
發 行 人：洪有義
出 版 者：心理出版社股份有限公司
地　　址：231026 新北市新店區光明街 288 號 7 樓
電　　話：(02) 29150566
傳　　真：(02) 29152928
郵撥帳號：19293172　心理出版社股份有限公司
網　　址：https://www.psy.com.tw
電子信箱：psychoco@ms15.hinet.net
初版一刷：1997 年 5 月
二版一刷：2002 年 10 月
二版十刷：2022 年 11 月
I S B N：978-957-702-224-0
定　　價：新台幣 350 元